智媒时代
应用型新闻传播人才培养路径研究

ZHIMEI SHIDAI YINGYONGXING XINWEN CHUANBO RENCAI
PEIYANG LUJING YANJIU

何海翔　编著

化学工业出版社

·北京·

内容简介

技术驱动的互联网环境变迁促使媒体呈现智媒化趋势，使得新闻传播业态发生深度变化，构建全方位、全过程、深融合的协同育人新机制的新闻传播教育改革势在必行。本书以应用型本科院校新闻传播类人才培养的实践为基础，以行业需求为导向，引入能力本位教育理念，协同确定人才培养，从能力本位理念、智媒化趋势与应用型新闻传播人才培养关系为切入点，从技术进路、社交载体、协同育人、课程思政、一流课程等方面探讨智媒时代应用型新闻传播人才培养的路径问题。

图书在版编目（CIP）数据

智媒时代应用型新闻传播人才培养路径研究/何海翔编著. —北京：化学工业出版社，2020.12
ISBN 978-7-122-37807-1

Ⅰ.①智… Ⅱ.①何… Ⅲ.①新闻事业-人才培养-研究-中国 Ⅳ.①G219.2

中国版本图书馆CIP数据核字（2020）第183959号

责任编辑：张　蕾　　　　　　　　文字编辑：林　丹　吴开亮
责任校对：边　涛　　　　　　　　装帧设计：李子姮

出版发行：化学工业出版社（北京市东城区青年湖南街13号　邮政编码100011）
印　　装：北京盛通商印快线网络科技有限公司
710mm×1000mm　1/16　印张11¼　字数193千字　2021年2月北京第1版第1次印刷

购书咨询：010-64518888　　　　　　　售后服务：010-64518899
网　　址：http://www.cip.com.cn

凡购买本书，如有缺损质量问题，本社销售中心负责调换。

定　价：49.80元　　　　　　　　　　　　　　　　　版权所有　违者必究

"四融三化"：应用型新闻传播类人才培养协同育人新机制的探索与实践

《教育部关于加快建设高水平本科教育全面提高人才培养能力的意见》（教高〔2018〕2号）强调要通过完善协同育人机制，加强实践育人平台建设，深化国际合作育人，深化宣传部门与高校共建新闻学院，完善高校与地方政府协同育人等深化协同育人重点改革领域，构建全方位、全过程、深融合的协同育人新机制。

本书的写作背景

技术驱动的互联网环境变迁促使媒体呈现"智媒化"趋势，使得新闻传播业态发生深度变化。构建全方位、全过程、深融合的协同育人新机制的新闻传播教育改革势在必行：①智媒化导致传统新闻传播类专业边界被消解，融合与协同成为专业建构的新方向。②新闻传播新业态对新闻传播类人才提出知识复合、技能应用、新媒体素养的新要求。③传统新闻教育存在课程设置、实践教学、实习实践平台等内部教育资源无法满足技术驱动的新媒体业态发展要求的新瓶颈。因此，需要通过整合社会资源转化为教育资源，创新协同育人的培养机制。

本书基于教育部全方位、全过程、深融合的协同育人新机制的要求，立足互联网技术驱动促使新闻传播业态"智媒化"趋势，结合传统新闻传播教育协同育人困境，以应用型新闻传播类人才培养为定位，以能力本位教育为理念，通过专业协同、校政协同、校企协同、国际协同"四个协同"融合的协同育人新机制，培养知识复合化、能力集约化、视野国际化的应用型新闻传播类人才（如图1）。

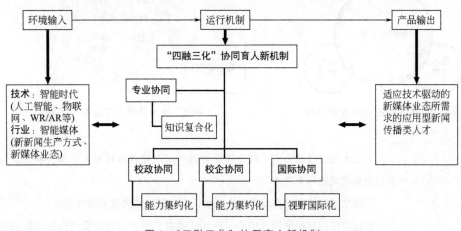

图1 "四融三化"协同育人新机制

本书主要解决的教学问题

技术驱动的"智媒化"趋势,使得新闻传播业态发生深度变化。新闻传播教育改革面临专业边界消融与重组的新方向、人才培养规格的新要求以及内部教育资源无法满足社会需求的新瓶颈等问题。需要通过利用社会资源的开放式办学,以全方位、全过程、深融合的协同育人新机制,打破社会资源与教育资源分隔的"孤岛"。通过专业协同、校政协同、校企协同、国际协同"四个协同"融合一体的协同育人新机制,利用社会资源转化为教育资源,培养符合技术驱动的新媒体业态所需求的知识复合化、能力集约化、视野国际化的应用型新闻传播类人才。

针对浙江省特点,提出完善新闻传播人才培养的三个途径。

(一)通过专业协同为逻辑起点构建符合行业需求专业群,解决大学生知识复合化的培养要求

技术驱动的新媒体业态对新闻传播人才培养提出基础理论、基本技能、基本素养的"三基"复合能力的知识复合化要求。本书以能力本位教育为理念,以应用型新媒体人才培养为核心,通过学科互涉的知识架构"桥接",建构基于信息生产、信息传播、技术支撑为生态环的新媒体人才培养专业架构(图2),以跨专业协同方式构建新闻传播类专业群(图3),解决大学生知识复合化的培养要求。传播学专业为浙江省新兴特色专业、编辑出版学专业为浙江省一流专业。

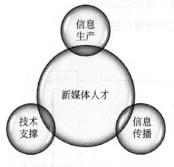

图2 新媒体人才培养专业架构

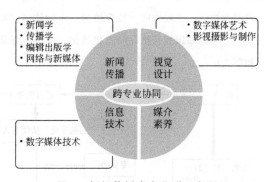

图3 新闻传播类专业群示意图

(二)通过校政协同、校企协同为重点枢纽完善协同育人机制,解决大学生能力集约化的培养要求

1.建立校政协同重点深化育人机制,以实践集约大学生能力提升

通过与中国互联网新闻中心、浙江省委宣传部、浙江省委网信办、浙江省社科联、绍兴市委宣传部、绍兴市文明办、共青团绍兴市委员会等省市地方政

府部门深度合作深化协同育人机制。尤其是与中国互联网新闻中心共建的中国互联网新闻信息人才培养基地、浙江省委网信办共建的浙江省网络文化传播实训基地入选浙江省网络文化家园示范基地，与浙江省社科联共建的浙江省网络安全与文明科普基地入选浙江省社科普及基地，与绍兴市委宣传部共建网络传播学院入选浙江省部校共建新闻学院项目，总计获得政府资助400多万元。

2.建立校企协同强化实践育人平台，增强大学生专业实践能力

通过建立校内外企业协同实践育人平台，增强大学生专业实践能力。架构"以实验课程为基础，专业实践为重点，专业实习为延伸，毕业设计和创新实践为抓手"的多层次模块化、全程化的实践教学体系，项目入选浙江省高等教育教学改革项目；探索"分层化、平台化、开放化、产业化"实践育人平台，相关项目入选浙江省"十三五"省级产学合作协同育人项目和绍兴市实验教学示范中心项目；建设以创新能力培养为核心的基于工作室模式的大学生专业实践项目，项目入选教育部协同育人项目，并获得绍兴市普通高校德育创新成果二等奖。

（三）通过国际协同为延伸拓展深化国际育人合作机制，解决大学生视野国际化的培养要求

通过与新西兰东部理工学院建立中外合作办学专业（网络与新媒体）、与日本城西国际大学建立2+2专业（传播学）、与英国中央兰开夏大学建立3+1专业（传播学）等国际育人合作机制，拓展大学生的国际视野。

本书关于人才培养理念和机制的创新思路

（一）理念创新：以需求为导向，引入能力本位教育理念，通过系统化整合性方式建构"四融三化"的应用型新闻传播类人才培养模式

本书突破传统新闻传播人才培养目标与规格思路，以需求为导向，通过技术驱动的互联网环境变迁促使媒体呈现"智媒化"趋势，使得新闻传播业态发生深度变化的环境分析，与相关政府部门、行业协会、企事业单位、国外合作院校、第三方数据分析报告协同建构育人目标和规格，提出应用型新闻传播类人才培养目标和规格主要是面向新媒体行业培养具有知识复合、技能应用和新媒体素养的人才。在此基础上引入能力本位教育理念，将协同育人目标和规格界定为知识复合化、能力实践化和视野国际化特征的新媒体人才，并在策略上采取跨学科融合、复合型构造、应用型导向，以专业协同、校政协同、校企协同、国际协同的"四个协同"融合方法培养知识复合化、能力实践化和视野国际化的"三化"新媒体人才（图4）。

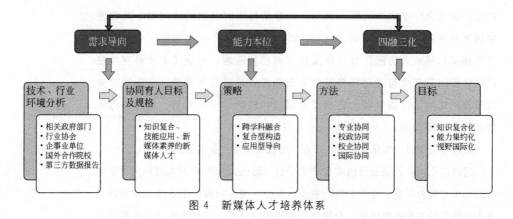

图 4 新媒体人才培养体系

（二）机制创新：建立全方位、全过程、深融合的协同育人运行机制

"四融三化"应用型新闻传播人才协同育人机制建立全方位、全过程、深融合的协同育人运行机制，在运行机制上是对教育部 40 条相关协同育人机制精神的实践创新，主要体现在以下三点。

1. 要素创新

成果把协同育人运行机制的要素归纳为专业协同、校政协同、校企协同、国际协同。

2. 结构创新

成果通过专业协同、校政协同、校企协同、国际协同"四个协同"的融合，实现应用型新闻传播类人才培养的知识复合化、能力实践化、视野国际化"三化"特征，并在结构上以跨专业协同为逻辑起点，反映协同育人的目标及规格，体现知识复合的人才培养目标，同时通过校政协同、校地协同、国际协同的方式实现能力实践化和视野国际化的要求，从教学的角度形成以专业协同为基础，校企协同、校地协同、国际协同为手段的全方位、全过程、深融合的系统化协同育人运行机制。

3. 功能创新

成果围绕协同育人机制在组织机构、实验室共享、媒体工作室等方面建立行业委员会、实验室开放共享制度、媒体工作室项目管理制度等常态规范的运行机制，建立以需求导向、能力本位的动态运行机制。

编者

2020 年 8 月

目录

1 第一章 能力本位理念与应用型新闻传播人才培养　1

第一节　应用型本科人才培养概述　1
第二节　能力本位理念　9
第三节　能力本位视阈中的应用型新闻传播人才培养　13

2 第二章 智媒化趋势与应用型新闻传播人才培养　21

第一节　智媒化趋势下应用型新闻传播人才培养面临的问题　21
第二节　智媒化趋势高校新闻传播教育培养的回应　22
第三节　智媒化趋势应用型新闻传播人才培养理念及原则　24
第四节　智媒化趋势应用型新闻传播人才培养路径　25

3 第三章 他山之石：韩国传媒教育的典型研究　29

第一节　韩国传媒教育的特点及启示　29
第二节　韩国传媒专业创业教育的特点及启示　32
第三节　韩国传媒专业就业指导的特点及启示　37

4 第四章 技术路径（一）：技术范式中的应用型新闻传播人才培养　45

第一节　M-learning 网络学习平台在网络传播人才培养的应用研究　45
第二节　学习技术范式引领下的 WebQuest 教学模式应用研究　49
第三节　基于云计算移动微学习平台的设计研究　54

第五章
技术路径（二）：社交平台中的应用型新闻传播人才培养 　　63

第一节　基于微博、QQ群的网络学习社群实证研究　　63
第二节　微博在新闻评论教学中的应用　　68
第三节　基于移动终端的"互联网+教学"改革探索　　72

第六章
协同路径（一）：协同育人视野下的应用型新闻传播人才培养 　　78

第一节　应用型新闻传播人才协同育人机制的探索与实践　　78
第二节　应用型新闻传播人才培养实践教学体系建设的探索与实践　　85
第三节　应用型新闻传播人才培养紧密型校外实践教育基地的探索与实践　　91
第四节　新闻传播教育在地国际化人才培养的探索与实践　　96

第七章
协同路径（二）：产教融合视阈中的应用型新闻传播人才培养 　　103

第一节　产学合作教育概述　　103
第二节　国外产学合作教育典型模式　　107
第三节　产教融合视阈中应用型本科院校"课证共生共长"探索　　116
第四节　业界视角下的新闻传播教学探索　　122

第八章
课程路径（一）：一流课程视野下的新闻传播教学改革 　　129

第一节　四位一体：新闻传播学本科一流课程教学模式探索　　129

| 第二节 新闻传播学专业中的课堂游戏式教学改革 | 139 |
| 第三节 基于五星教学原理的微课教学设计 | 142 |

9 第九章
课程路径（二）：课程思政视阈中的新闻传播教学改革　146

第一节 新闻传播学专业课程思政教育的探索与实践	146
第二节 思政理论课改革视阈下马克思主义新闻观教育的着力点	150
第三节 高校马克思主义新闻观教育中的若干问题	157
第四节 新时代马克思主义新闻观教育应重视的三个关系	161

参考文献　169

第八章

敘事改革 148

参考文献 169

第一章
能力本位理念与应用型新闻传播人才培养

高等教育的大众化发展，重视实践教学、强化应用型人才培养为主要方向的应用型本科高校成为我国高等教育适应经济社会发展的重要办学类型，培养适应生产、建设、管理、服务第一线需要的高等技术应用型人才成为本科高校人才培养的基本定位。在高等教育大众化阶段，培养应用型新闻传播人才是高校新闻传播教育改革的重要途径之一。应用型新闻传播人才培养的目标是"坚持以人为本"，能够直接在新闻生产、新闻服务、新闻技术和管理第一线工作的应用型人才，其人才培养的标准是围绕解决好培养什么人、怎样培养人的重大问题，建立同我国现代化建设要求相适应的、同党的教育方针的时代要求相符合的具备综合职业能力和全面素质的新闻传播人才。

第一节 》》 应用型本科人才培养概述

自2002年中国全面进入高等教育大众化发展阶段以来，至2019年已拥有2688所全日制普通高校、4002万在校生而成为全世界高等教育数量第一的教育大国（图1-1）。

这样的发展规模所带来的一个必然要求是，中国的高等教育要从精英阶段单一的人才培养走向多元的发展道路，特别是要为满足经济全球化、社会知识化、信息网络化发展环境下的社会经济建设与发展对各类高等教育人才的需求。对此，本科层次的高等教育要积极研究和实践，自觉地将培养大批的高素质应用型人才作为办学定位和社会责任。

发轫于20世纪末的中国应用型本科教育，尽管形成的时间不长，但在适应国家经济建设转型升级的战略性结构调整，满足高等教育人才培养的多元化需求的趋势中已经越来越显示了它的重要作用，越来越多的普通本科高校，特别是地

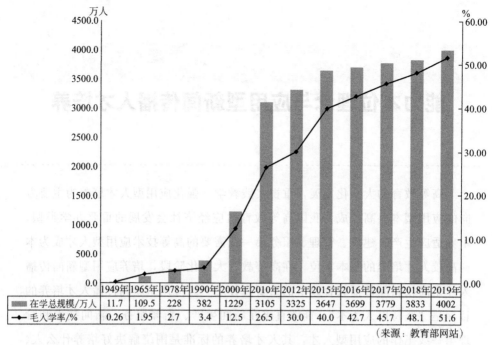

图 1-1 2019 年高等教育在学总规模和毛入学率

方性本科高校能紧密结合地方经济发展的需要,根据高等教育大众化生源变化的特征和需要,把办学定位和人才培养目标确立为应用型,为社会培养了一大批"下得去、用得上、留得住"的高素质应用型本科人才。

认真研究应用型本科人才培养,努力培养出社会认可、用人单位需要、就业前景良好、创业意识强,能更加贴近经济社会发展需要的高素质人才,对应用型本科高校的建设和发展有着"生命线"的意义。

一、应用型本科人才培养的分类和特征

应用型本科高校是定位于本科层次的,以培养应用型人才为目标的普通高校。这是当前中国大多数本科高校确立的办学定位。但是面对全球化经济高速发展、新兴科技的不断涌现、社会分工日益复杂的社会需求,要求应用型本科高校走出人才培养粗放型,大学生毕业后无法良好适应社会的状态,要主动以社会需要为导向,结合办学实际,在进一步研究细化和界定其人才培养的目标定位、质量规格的基础上,科学分类设定学校的人才培养目标定位、质量规格,使人才培养真正适应社会发展需求。

(一)应用型本科人才界定

应用型本科人才是一个由"本科"和"应用型人才"组成的二维复合概念。本科是相对于研究生和专科而言的,它是一种教育层次;应用型人才是相对于学

术型人才而言的，它是一种人才类型。这一界定从教育层次和人才类型的角度对应用型本科人才做了诠释，其界定的落脚点主要是学术研究的观点。然而如果从人才培养的目标定位、培养规格、质量要求、就业去向、适用方向等方面来界定应用型本科人才，则是指具有宽厚、扎实、系统的专业理论基础知识，适应性强的专业实践能力，相应的外语应用能力，以创新能力和就业竞争力为主要特征的综合职业能力，在生产、工程、管理、经营和服务等行业从事一线基层工作的，知识、能力和素质协调发展的高层次人才，其人才规格内涵的界定是多维复合的。

（二）应用型本科人才的分类

应用型本科人才正确合理地分类是应用型本科高校正确定位人才培养的重要工作。应用型本科高校要在区分人才层次和类型的基础上，结合办学实际来准确界定其人才培养的分类。这是因为，人才的类型和层次是两个不同的概念，从类型上划分，应用型人才是相对于学术型人才的一种区分，两类人才都有高级、中级、低级的层次划分，应用型人才可以从本科、硕士和博士不同层次设定培养目标。同时应用型人才和学术型人才的划分也是相对的，在社会分工日益细化的情况下，两者存在着相互转化的可能。

应用型本科高校要顺应高等教育大众化背景下对人才需求分类的需要，以市场为导向，结合学校的办学实际，按照所培养的学生在毕业后将会从事的行业和职业群以及工作职能确定其人才培养的分类，以确保人才培养的准确定位。

（三）应用型本科人才的特征

深刻理解应用型本科人才的特征，是应用型本科高校找准人才培养目标，确定人才培养规格，形成培养特色，解决"培养什么人"的首要工作。

1.应用型本科人才的应用性特征

应用性是应用型本科高校在履行教学、科研、社会服务和文化传承的办学职能中，办学特色彰显和优势发扬最鲜明的本质特征。应用型人才，把发现、发明、创造变成可以实践或接近实践，主要承担转化应用、实际生产的任务。从哲学的角度，应用型人才是应用客观规律为社会谋取直接利益的人才。应用型人才主要是从事非学术研究性工作的实际操作者。他们的任务是在一定的理论规范指导下，进行社会化的操作运用，将抽象的理论符号转换成具体的操作构思或产品构型，将新知识应用于实践。在此引用的三种观点大同小异，只是在提法上有所不一，但是在应用型人才的"应用性特征"表述上是一致的。

2.应用型本科人才的适应性特征

在高等教育毛入学率不断上升的大众化教育阶段，大学生的来源、类别，以及他们接受高等教育的意向、志趣呈多元化状态，同时高速发展的经济社会对高校的人才培养更显现出多元的需求。要求应用型本科高校的人才培养首先要适应社会的需要，要紧密结合区域经济社会发展的要求，以培养大量适合在生产、管理、经营、服务等工作一线的高素质应用型人才，来适应社会对高层次应用型人才的需要。人才培养目标定位的适应性是应用型本科教育的基础。同时从教育受众者——学生的角度，应用型本科高校的人才培养还必须适应学生发展的需要，通过接受高等教育获得一个能适应今后发展的职业已成为当今大多数学生就读大学的主要需求，应用型本科人才培养要在充分认清这一发展趋势的基础上，使学校的人才培养工作适应学生的成功就业和人生发展的需要。

3.应用型本科人才的创新性特征

创新性是应用型本科人才的重要特征，应用型本科高校在人才的培养中，要十分突出对其创新意识和创新能力的培养，要着力培养学生具备能运用应用知识进行技术创新或在职业岗位上对所从事工作的二次开发能力。

二、应用型本科人才的能力结构和要素

应用型本科人才的能力既指接受高等教育后的人才普遍意义上的能力，又指依据社会职业群和技术领域的需要，有着其特有的职业岗位专业能力结构。

应用型本科的人才培养是以能力为本位的教育。能力本位教育的核心是从职业岗位的需要出发，确定能力目标，以能力培养作为教学的基础，以岗位群所需职业能力的培养为核心，使人才获得职业应用能力。能力本位教育的应用型本科人才培养，其人才的能力结构需具备三个核心能力。

（一）应用知识能力

应用型本科人才的应用知识能力是指在掌握宽厚、扎实、系统的基础理论知识的同时，能将这些理论知识应用于实际工作岗位的能力。应用知识能力具有三要素：一是系统的知识，是指既要掌握所学专业系统完整的理论知识，还要有较强的理论技能，要求不但知晓，而且会用，能从理论的层面理解所学专业的职业群和行业的一般规律；二是扎实的应用知识，是指既要掌握本专业领域宽厚的基础知识，还要具备与今后从事的职业群和行业密切相关的应用性知识，如管理人才的经济管理、企业管理知识，外语人才的外语应用知识和跨文化知识，商贸人才的市场营销知识等；三是深厚的知识，是指既要掌握所学专业一定的知识深度，不仅仅是"适度够用"，还要有能"增强后劲"，源源不断实现"二次开发"的应用性知识。

（二）专业实践能力

应用型本科人才的专业实践能力，是指在学习掌握专业理论知识的基础上，

熟悉所学专业职业岗位工作的业务和操作流程，能较好地分析解决专业工作中遇到的各种复杂问题，并能将所学的专业知识与其他知识融会贯通，创新从事相关专业工作的能力。专业实践能力是应用型人才在具备较强的实践能力后，能较快地适应所从事的工作和环境的一种能力。

专业实践能力包含三个要素：一是专业基本能力，是指从事某一职业应具备的基本技能，是从事具体职业岗位的基础能力。二是具体职业岗位能力，是指由具体职业岗位的性质、技术标准、工作对象和生产设备等特点直接决定的能力，通常具有多样性和可变性的特点；专业基本能力和具体职业岗位能力也称专业技能，应用型本科人才既要充分掌握专业基本能力，以适应未来职业的发展，又要有针对性地掌握甚至精通其中的一些具体职业岗位能力，以增强就业和发展的竞争力。三是专业创新能力，是指具备根据所学专业对应或相关的职业和岗位发展的规律，对所从事的专业工作进行创新性变革，能将科研成果转化为现实产品，能科学地解决生产、管理、经营和服务中的问题，使其得以更新与发展的能力。

专业实践能力三要素中的专业基本能力是基础，具体职业岗位能力是关键，专业创新能力是可持续发展核心竞争力。

（三）综合职业能力

应用型本科人才的综合职业能力是指具有综合性的、普遍性的、可迁移性的，对未来职业成功发展具有持久性的、正确的方法论和必备的社会能力，是应用型人才要求具备的，能适应毕业后所从事的职业岗位需要，在思想道德素质、人文素质、身心素质等综合素质，以及在人际交往能力、组织管理能力、信息处理能力、团队合作和工作执行力、跨文化沟通能力、创新能力等能力方面具备优势的核心竞争力。

综合职业能力的一个显著的特征是：要培养具备能独立完成一项工作任务或是能独当一面完成一项管理工作的能力，是一种应用型人才必须具备的超越一般专业能力领域以外的、以职业素质为核心的、对促进职业的发展发挥重要作用的，"既能做大事，又会做小事"的社会适应能力和社会组织能力。

三、应用型本科人才培养的方法和途径

应用型本科人才的能力，不仅是指能在专业岗位完成具体任务的实际工作能力，更强调的是能科学合理地解决工作中出现的问题，对从事的职业和岗位的工作具有创新与发展的能力。建立与办学定位和办学实际相一致，能实现能力培养目标的方式和途径——应用型本科人才培养体系，是应用型本科高校实现人才能

力培养的关键性工作。

（一）确立定位准确的人才培养目标体系

准确定位应用型本科人才的培养目标和规格是应用型本科高校人才培养的第一要务，对人才培养起着统领和主导作用。能否准确定位的关键是要做好两个方面的工作：一是要正确界定人才培养类型的指向定位，明确人才培养的分类；二是要正确界定人才培养的基本规格和质量要求，明确人才培养的适应方向和就业去向。学校要高度重视准确定位工作，要在广泛深入调研，分析学校的办学实际和目标定位，与学生的成人成才需要及社会发展需求相适应，以确保人才培养目标和规格的准确定位。

（二）建构实现人才培养目标的实施体系

形成适合学生发展和社会需求的专业结构，构建实现核心能力培养的课程体系，制定目标和质量要求明确的人才培养方案三项工作，是实现人才培养目标的核心。

1.形成培养三个核心能力的专业结构

在实施应用型本科人才培养过程中，要在遵循本科人才培养自身规律的基础上，改变传统本科人才培养中偏重于基础知识教学和艰深理论传授的专业架构，根据应用型本科人才的三个核心能力培养的特点，加强理论课程的整合，突出理论教学的应用性和适应性，以优化专业实践能力和综合职业能力课程为重点，形成主动适应学生发展和社会需求的专业能力结构体系。

2.构建培养三个核心能力的课程体系

应用型本科高校要以就业为导向，以社会需求为目标，构建以培养学生应用能力为主线的课程体系。要根据应用型人才三个核心能力的培养规格和质量要求，构建一个能够充分实现学校与社会互动、理论与实践互动、教师与学生互动，让学生在学习中实践，在实践中学习的课程教学体系。

一是要构建较为系统完整的理论教学体系。要根据应用型本科人才培养的总体要求，结合社会对人才的需求和毕业生今后的发展需要，充分重视理论教学对实践教学的引领作用，科学设计和整合理论课程体系，夯实学生的理论基础，使学生具备较为宽厚、扎实、系统的专业理论基础知识和必要的人文社会科学知识与自然科学知识。

二是要构建培养应用知识能力和专业实践能力的实践教学体系。理论教学与实践教学互动是强化三个核心能力培养的重要环节，是应用型本科人才培养的核心环节。要通过实践教学体系的构建，把理论与实践的互动渗透到教学的全过程，通过加大实践和实验环节的训练力度，加强能切实有效提供实践实习教学基地的建设等，建立起学校与社会之间的密切联系，组织学生在深入地了解社会、认识社会的过程中，提高学习社会需要的专业知识，适应社会能力的主动性和自觉性，使人才培养适应学生发展和社会需要。要通过优化实践教学运行机制，使第一课堂与第二课堂相结合，校内实践与校外实践相结合，将实践教学贯穿教学全过程，引导学生把理论知识转化为应用能力。

三是要构建培养综合职业能力的课程教学体系。以培养综合职业能力为核心的课程体系，要以培养学生对未来职业成功发展具有持久性的方法能力和社会能力为基础设置导向课程。因此在课程设计上，围绕综合职业能力的内容，采取基础性和渗透性的课程设计策略，构建综合职业能力的课程。在具体的课程设置上，根据学校关于本科人才培养规划所设置的公共必修课和公共选修课，结合综合职业能力的基本内容和学校开设公共选修课的情况，以能力培养覆盖为目标，以课程学科大类属性为基础，以公共必修课和选修课为分类标准，并按照能力培养的标准给予相应的归类。同时还必须十分重视校园文化的育人功能和隐性课程的开设，以形成良好的课内课外综合职业能力培养环境。

3. 制定培养三个核心能力的人才培养方案

人才培养方案是学校实施人才培养工作的大纲和施工蓝图，培养方案要求能集中体现学校的教育思想和育人理念，提供明确的人才培养目标定位和质量规格要求，反映学校在人才培养工作上的指导思想和整体思路，对确保人才培养目标的实现发挥重要导向作用。

制定人才培养方案要确定指导思想和编制原则，要认真贯彻党的教育方针和国家对应用型人才培养的总体要求，根据教育行政部门对本科教学的基本规范，遵循社会发展、高等教育和人才成长的基本规律，根据经济社会发展需要，学校办学定位和人才培养目标要求，落实三个核心能力的培养目标，注重培养学生自主学习能力。

在编制的方法和程序上，一是要科学准确地定位人才培养的目标与规格。要在做好人才市场调研的基础上，认真分析本专业毕业生职业岗位群的用人要求，明确其就业岗位、培养目标和具体要求；二是要科学设置课程。课程设置是人才培养方案的核心内容，是实现人才培养目标和培养规格的关键环节，课程设置要依据学校人才培养的课程模式，精心构建以培养三个核心能力为目标的理论教学、实践教学、素质教学课程体系，要有利于提高学生适应社会的就业竞争力；三是要充分体现学校的培养特色和优势，在课程设置、学分学时配置、课程教学大纲制定、教育教学方式方法改革等方面，通过"教师主导"与"学生主体"的有机结合，对培养学生的自主学习能力提出明确的要求，逐步培养学生自主学习能力。

（三）建设实现人才培养目标的保障体系

师资队伍、实践教学基地和教育教学管理与评价系统是实现应用型人才培养目标的三项重要条件，要着力建设以"双师型"师资队伍，保证学生实践能力得以培养的实践教学基地，确保人才培养质量的教育、教学组织管理与评价系统为内容的工作保障体系。

1.建设高素质的"双师型"师资队伍

建设一支结构优化、师德优良、专业精湛，既具备教学能力，又具有实践能力的高素质"双师型"师资队伍，是实现人才培养目标的关键性工作。师资队伍的整体能力和水平将决定人才培养的整体水平和质量。为此，加大师资队伍建设力度，是应用型本科高校实现人才培养目标和质量的当务之急。

在师资队伍的建设上，要紧密结合学校人才培养的目标定位和特色，重点加大"双师型"师资队伍的建设力度，这是保证应用型人才培养质量的基础性工作，要通过"外引内培"的积极措施，在引进一批人才培养专业对口的高学历、高职称的"双师型"教师，充实师资力量的同时，要有规划、有目标地不断加强对校内教师的教育培训，组织开展教师"下企业、进市场"的实践锻炼，以不断提高教师的实践能力，增强应用能力；在专职教师队伍建设的同时，还要建设兼职教师队伍，要聘请企事业单位中与学校专业和学生就业有着直接关联，适合从事教学工作的人员为兼职教师。在"双师型"师资队伍的建设过程中要大力加强师德师风建设，无论是专职还是兼职教师都要求成为学生的良师益友。以积极引进和大力培养相结合的办法，建设一支专兼职相结合的高素质"双师型"师资队伍。

2.建设"实战型"的实践教学基地

强化对学生进行适应社会需要的应用实践能力培养，是应用型本科人才培养的核心环节。应用型本科人才的应用性、适应性和创新性特征，要求在人才培养过程中必须把应用环节渗透到教学的全过程，形成一个"学校与社会互动、理论与实践互动、教师与学生互动"，让学生在学习中实践，在实践中学习的"三个互动"的课程教学体系。

实现"三个互动"的课程教学体系的纽带是学校要建立与社会的密切联系，与企事业单位共建稳固的实践教学基地，为学生提供具有"实战"意义的实习、实训场所和岗位，促使学生深入社会，亲身体验，动脑动手，从感性和理性两个方面来充分领悟学习与实践的紧密联系，以更加自觉地学习掌握社会需要、工作需要的专业知识和能力，更加注重培养适应社会的应用能力，最终实现能更好适应社会需要的培养目标。

3. 构建确保人才培养质量的管理与评价系统

科学合理的教育教学管理与质量评价系统是应用型人才培养的保障条件，要在遵循人才培养规律，按照学校设定的培养目标，进行科学严谨的改革创新，以形成符合人才培养实际要求的，有助于人才培养质量实现的管理与质量评价系统。要通过改革传统的以试卷考试的最终成绩作为评定标准的做法，把对教育教学和学生的学习过程评价作为评定课程成绩的重要组成部分，改革考试和学业成绩的评定方法，加大对学生的实践成绩的考核和评价，从适应社会需要的角度来确定人才培养的质量标准，形成以能力为主导的多元化考核制度与评价方式，建设能确保学校应用型人才培养目标和质量得以实现的教育、教学组织管理与评价系统。

第二节 >>> 能力本位理念

能力本位是一种关于人的发展的理念，强调人的发展的核心在于人的能力的发展，以"人的能力"的培养和发展为核心来确立新的社会价值理念，构建新的社会发展机制。

一、能力本位的基本内涵

能力，是人的综合素质在其行为上外化的表现，是人的实际本领、能量和熟练水平，它是人的价值实现的一种有效方式。能力往往可分为一般能力和特殊能力。一般能力是指从事任何活动所必备的能力，例如记忆能力、观察能力、想象能力、创造能力、抽象概括能力、注意能力等，其中抽象概括能力是一般能力的核心。特殊能力是指在某些专业和特殊职业活动中表现出来的一般能力（智力）的某些特殊方面的独特发展，例如数学能力、文学能力、艺术表演能力、管理能力、搜集整理能力、技术操作能力等都属于特殊能力。

纵观人类从原始人到现代人的发展进程，其客观的结果是"人的能力"的质的飞跃，"人的能力"的不断发展是人类社会发展的内在要求。"能力本位"理论主张从人的实践活动来理解人的能力问题，人的实践活动是思考"人的能力"的现实基础。实践是人的存在方式，人的存在活动的全面性决定了我们必须全面地发展我们的能力；实践是体现人的能动性的活动，人的能动性的实质是人的自由，这要求人的能力的发展必然是自由的而非被动的；作为实践主体的人是自然属性和社会属性的统一，是个体、群体和类的统一，这要求人的各种能力必然要和谐发展。"能力本位"主张人的能力的发展不仅需要我们更新观念，更要求我们创新制度。

能力本位教育是 20 世纪二三十年代在欧美国家兴起的一种高等教育本位观，简称 CBE（Competency Based Education），也有称 CBT（Competency Based Training），即能力本位培训。许多国家把这样的一种教学模式称为 CBE，它是按照职业岗位设置专业，以培养一线人才的岗位能力为中心来决定理论教学和实践训练内容的一种教学模式。20 世纪 60 年代以后能力本位教育理论日渐盛行，其中 Competency 的意思是"能力、胜任、技术；权能、权限；（指人）资格"。因此，"能力本位"中的"能力"是综合概念，指适应职业岗位需要的本领或才能，而非单一指"技能"。

从教育学领域看，所谓能力本位，是相对于学科本位来说的，它把培养学生的能力作为教育的根本追求。强调把学科专业知识教育，内化成为提高学生素质的一种基础，外化为提高学生能力的一种条件。向学生传授知识，必须将知识转化成为素质和能力，学生才能成为有用的人才，成为可以创造价值财富的人力资本。

能力本位教育是以重视获得职业能力为目标，根据实际分析，能力本位教育应该具有四大要素：第一是能力本位课程，主要解决学生学什么的问题。它包括能力本位教育的课程目标、能力本位教育的课程内容和能力本位教育的课程组织。根据一定的能力观分析和确定能力标准，将能力标准转换为课程，通常采用模块化课程。第二是能力本位学习理论主要解决怎么学的问题。能力本位教育的学习理论包括学习的本质、学习的动机和学习的过程。第三是能力本位教学理论，主要解决怎么教的问题。能力本位教育的教学理论包括能力本位教学目标、教学过程和教学组织，通过职业分析确定的综合能力作为学习的科目，以职业能力分析表所列专项能力由易到难的顺序安排教学和学习计划。第四是能力本位教材理论，主要解决的是学生学习的对象，是学习主体对其进行信息加工的客体，是教师用以构建学生心理结构的外部工具或手段。为此教材既要体现各门学科中研究对象本身的内在联系，即通常所说的科学性，同时又要体现学习的规律，使其具有高度的教学效能。

二、国外能力本位培养模式概况

（一）英国 BTEC 教育模式

英国 BTEC 教育模式是商业与技术教育委员会（Business & Technology

Education Council）的简称。BTEC 教学模式的知识体系跨学科、跨领域，强调课程内容的综合性。教学中鼓励学生查找资料，锻炼自学能力。同时，突出通用能力培养，并对学生通用能力的发展水平进行评估。BTEC 打破了传统的应试教育模式，其评估目的主要是考核学生解决实际问题的能力。

（二）澳大利亚 TAFE 教育模式

澳大利亚 TAFE 教育模式以行业组织制定的职业能力标准和国家统一的证书制度为依据，具体内容则由企业、专业团体、学院和教育部门联合制定，并根据劳动力市场变化情况不断修订。TAFE 树立以能力为本位的指导思想，强调学生的主观能动性，学生可以按照自己的情况进行学习，教学组织方式极为灵活。因此教学重点放在学生实际工作能力的训练上，考核重点强调学生应该能做什么，而不是应该知道什么。

（三）德国"双元制"教育模式

德国"双元制"教育模式是指整个培训过程在企业和学校中进行。企业培训主要是使受训者掌握"怎么做"的问题。职业主要解决受训者在实训技能操作时"为什么这么做"的问题。德国"双元制"教育模式是一种以能力为本位的课程模式，具体体现在课程结构的基础性、课程内容的实用性、课程编排的综合性、课程实施的双元性、课程比例的实践性、课程管理的开放性和课程评价的实效性等方面。

（四）美国、加拿大 CBE 模式

以能力为基础的教育（Competency Based Education），简称 CBE，产生于第二次世界大战后，现在广泛应用于北美应用教育中。其主要特点是：首先由学校聘请行业中具有代表性的专家组成专业委员会，按照岗位群的需要，层层分解，确定从事这一职业所应具备的能力，明确培养目标；然后由学校组织相关教学人员，按照教学规律，将相同相近的各项能力进行总结、归纳，构成教学模块，制定教学大纲，依此施教。

三、实施能力本位的教育是应用型本科教育改革发展的需要

教育部《关于进一步加强高等学校本科教学工作的若干意见》对本科高等教育提出了任务和要求，提出"坚持传授知识、培养能力、提高素质协调发展，更加注重能力培养，着力提高大学生的学习能力、实践能力和创新能力，全面推进素质教育"的总要求，因此应用型本科人才培养应该从"知识、能力、素质"三方面来构建学生的核心竞争力。

应用型本科高校以培养适应社会发展需要的应用型人才为目标，注重为地区经济发展和社会进步服务；而其培养的应用型人才，具有较强的社会适应能力和实践工作能力，是学术、技术、职业三者的结合。有学者提出"21世纪是一个注重人的能力的社会，不论是市场经济还是知识经济，都是一种能力经济——人的能力的大小、优劣，将直接决定其在市场经济中的地位、作用和权利"。因此毫不夸张地说能力本位是21世纪人的生存基础，发展的基本条件。

1. 应用型本科高校要树立能力本位人才培养质量观

教育部颁发《教育部关于进一步深化本科教学改革全面提高教学质量的若干意见》，提出了"树立科学的质量观"的要求，指出要努力提高大学生的学习能力、创新能力、实践能力、交流能力和社会活动能力。这在一定程度上冲破了传统的学科本位质量观的局限，促使应用型本科高校高度重视学生实践能力的培养。在高等教育大众化的进程中，应用型本科教育面向区域或地方经济社会发展实情办学和培养人才，把为地方经济建设服务、贴近社会需要、坚持应用为主作为办学的基本宗旨，为地方生产、建设、管理、服务第一线培养"下得去、留得住、用得上"的大量高级应用型人才。应用型本科人才培养的知识和能力结构也应该是符合这一市场定位。高校学生的就业核心竞争力不仅是高校内部支撑力、生存力和发展力的一种体现，其竞争力水平和内在各项要素的组合，也直接反映出高校人才培养的质量。要从知识结构、能力结构、素质结构的角度出发，以提升综合职业能力为目标，确立能力本位的人才培养质量观。

2. 应用型本科人才知识结构

一是比较系统地掌握本学科、专业的基本知识、基础理论；二是能掌握跨学科专业、交叉学科的相关知识，了解学科专业的最新发展动态和研究成果；三是了解社会和自然科学等方面的基本知识，了解一定的管理学、经济学、信息科学等方面的知识。

3. 应用型本科人才素质结构

在实际工作中，应用型人才进行技术开发、生产管理时，其专业知识的运用、应用能力的发挥常与责任心、道德感、心理素质、意志品质等非专业素质有密切关系并发挥重要作用。应用型本科人才的素质要素主要是基本素质，是指具有良好的公民道德和职业道德，具有合格的政治思想素养，具有良好的身心素质，具有基本的人文、科学素养和良好的职业素养。具有较强的自信心、进取心，以及事业心与社会责任感，具备良好的道德修养、敬业精神、团队协作精神，以及创新创业精神和身心素质。培养这些素质与校风、学风、人才培养方式,相应课程设计和实施以及教育教学思想关系很大。

4.应用型人才能力结构

这里所指的能力是指学生的综合职业能力,要培养学生具有综合性的、普遍性的、可迁移性的,对未来职业成功发展具有持久性的、正确的方法论和必备的社会能力。为适应今后职业岗位,在思想道德素质、人文素质、身心素质,特别是在人际交往能力、跨文化沟通能力、组织能力、信息处理能力、团队和工作执行力、创造力等方面具有较强能力优势的人才。

四、本科应用型人才培养实施能力本位教育的关键是建立"三个互动"教学机制

应用型本科高校实施能力本位的素质教育,要遵循教育规律,正确处理知识、能力、素质三者相互联系、相互影响的关系,关键是要力求知识传授与能力培养相统一,做到三个互动。

一是坚持理论与实践的双向互动,将理论知识与实践能力在循环往复中有机结合,通过理论知识的运用促进实践能力的提高,或是通过实践的训练促进理论知识的进一步提高。应用型本科人才培养具有特定的知识、能力结构,要通过特定的课程体系来实现,要将课程体系与特定的人才培养目标、社会需求结合起来。坚持将实践教学贯穿于教学全过程,使其前后连贯,引导学生把理论知识转化为实践能力。

二是坚持教师和学生的双向互动,推行自主学习、启发式教学、项目式教学,在教学中特别是在推行学生的自主学习中要充分发挥教师的主导作用和学生的主体作用。

三是坚持学校和社会的双向互动,在人才培养中不但要以知识为导向,还要强调以社会需求为导向。要坚持社会需求为导向,引导学生更深入地了解社会、认识社会,更自觉地学习社会需要的专业知识,培养自己适应社会的品德和能力,为日后就业、创业做好准备。要把社会当课堂,使学生在实践中开阔眼界、增长才干;还要因材施教、突出个性能力培养,根据学生的兴趣特长和基础条件,对学生进行创业能力的教育或职业资格培训,激励学生拓展和强化自身的特长或优势。

第三节 》》 能力本位视阈中的应用型新闻传播人才培养

美国著名未来学家阿尔文·托夫勒提出将人类社会由工业社会向信息社会的巨大变革称之为"第三次浪潮",在他看来,高科技技术必将深刻改变人类社会

长期依存的社会结构和社会生活。从大众传播、网络传播和移动传播时代的演化历程看，无不受高科技技术驱动而发生翻天覆地的变化，实现了"铅与火""光与电""0 与 1"的时代交替。特别随着当下人工智能技术从漫长的理论探索转化为现实的生产力，必将解构和重塑新闻传播业的内容生产范式、技术架构和产业格局，预示着一个智能媒体时代的来临。在智能媒体时代，由于技术赋权而带来新闻传播理念及实践的深刻变化，势必给新闻传播教育带来翻天覆地的深刻变化与影响。处于发展时期的应用型本科高校如何抓住千载难逢的时代发展机遇，摆脱新闻传播教育桎梏性因素，实现弯道超车并占据办学话语权的良性发展途径，成为新闻传播业界学者关心的话题。

一、智能媒体对应用型本科高校新闻传播教育的深刻影响

（一）关系溯源：智能媒体→新闻传播实践→新闻传播教育

什么是智能媒体？截至目前，关于智能媒体的概念和说法众说纷纭。有些学者从技术层面将之描述为基于物联网、传感器、虚拟现实、大数据、人机交互、机器学习等前瞻的技术集群而构成的智能化媒体生态系统。有些学者则从用户层面将之描述为能够感知用户并为用户带来更佳体验的信息客户端与服务端的总和。根据美国传播学家施拉姆 20 世纪 50 年代提出的信息选择或然率的公式，即选择的或然率＝报偿的保证/费力的程度，笔者认为将智能媒体的概念从技术和用户两个层面界定更为妥帖，即运用智能化的现代传播技术能够全方位满足受众获取个性化信息需求的具备类似人类感知、记忆、思维和学习的综合媒体系统。从关系溯源来看，智能媒体的出现率先对新闻传播业的实践产生影响。当下，以大数据技术、物联网技术、智能算法及深度学习技术的发展，智能媒体日益呈现"万物皆媒、人机合一、自我进化"的特征，开启了智能媒体传播新范式，重塑传统新闻传播业的内容生产、技术架构和产业格局，加速其转型、融合的速度和品质。新华社产品研究院副院长李俊认为传统媒体不能顺应人工智能发展趋向，必将遭遇无法适应新技术变革而带来的"降维打击"。在未来的媒体发展实践中，大数据、物联网、云计算、VR/AR、智能推荐、算法、人工智能、传感器等新生技术将构成智能媒体业蓬勃发展的图景，新闻传播业日益呈现"数据化""可视化""场景化""定向化""个性化"和"智能化"的传播特征，这是不可阻挡的时代发展洪流。

受智能媒体影响的新闻传播实践最终波及新闻传播教育，这契合了传统新闻传播学科先有"术"后有"学"的一般演变过程。智能媒体是新闻传播实践的发

展起点，也是新闻传播教育的逻辑起点，并在两者之间相互作用。当然，从中外新闻传播历程看，任何一种新型媒体的产生都可能对新闻传播实践和新闻传播教育产生影响，由此产生两者之间的关系作用，甚至会出现两者相互倒逼的局面。对于新闻传播教育而言，智能媒体的出现将无疑对现有的传媒教育形态形成挑战。众所周知，我国现行的新闻传播教育是基于以报刊、广播、电视、杂志为主体的传统媒体构成的理论范式，不能适应和指导新闻传播实践发展，而智能媒体必将重新架构新闻传播理论框架体系、新闻传播伦理、学科布局及其专业设置。在智能媒体时代，未来的新闻传播教育即将面临新一轮的改革，这对于应用型本科高校而言未尝不是千载难逢的良好契机，一方面紧紧围绕智能媒体及其传播实践大做文章，另一方面积极参与构建智能媒体的传播理论和范式体系，乘胜追击，树立新的教育品牌优势。

（二）"技术赋能"：应用型本科高校新闻传播教育理念"能力本位"的确立

根据清华大学新闻与传播学院彭兰教授的研究成果，目前常见的智能媒体形态存在个性化类、临场类、机器类、传感器类、分布类五种形式。智能媒体有别于传统媒体，它是依托物联网、大数据、云计算、机器学习等新生技术对传统媒体的颠覆与重构，其构建的传播生态将以"数据化""可视化""场景化""定向化""个性化"和"智能化"传播特质影响客观存在的现实世界，因此，它对于新闻传播教育的人才培养提出了新的要求，促使新闻传播教育从内容生产者转向基于新闻信息传播的"技术赋能"。"赋能"近几年随着互联网产业的发展而逐渐成为一个高频词汇，其核心要义是指去中心的主动离心发展。智能媒体这种"技术赋能"必将深刻改变新闻信息传播的内容生产、传播渠道、分发方式及用户体验，直接影响新闻传播教育在人才培养理念上由"知识本位"转向"能力本位"的根本性转变。

能力本位教育理念是指把学生在学习过程中所需的知识、技能和态度的能力被视为重要的教育目标绩效导向指标。能力本位教育最早源自美国，在20世纪八九十年代，相继传入英国、新西兰和加拿大等国，为当地的职业教育发展奠定了坚实的基础。大概在20世纪90年代中后期，随着我国大众化教育的普及，能力本位教育理念由加拿大的相关专家将之传入我国。能力本位教育理念对我国传统的应用型本科高校的办学理念产生深刻影响，促使我国社会主义教育思想和理论由以往注重知识单向灌输模式向现代注重能力素质的培养和人性完善发展的新型教育模式的转变。按照2018年教育部高等学校教学指导委员会编制的《普通高等学校本科专业类教学质量国家标准》，新闻传播类教学质量国家标准就素质、能力和知识三个层面提出了具象的规定，这在某种层面上是对新闻传播人才培养指明了方向。特别在能力要求层面提出"具备计算机和现代新媒体技术的应用能力"，这契合了当下智能媒体"技术赋能"的社会影响力，也较好地体现了能力本位的教育理念。

（三）人才培养的转向：应用型本科高校新闻传播专业人才能力要求

在智能媒体时代，应用型本科高校新闻传播教育要适应智能媒体的发展趋向，认清新形势下社会对人才的需求定位和相应的能力要求。当下，新闻传播教育培养的专业人才与市场的供需矛盾日益凸显，出现了严重的脱节现象。一方面，基于传统新闻传播教育的人才数量急剧增长，而社会对此的需求量已经接近饱和，学生就业压力较大；另一方面，智能媒体行业急需复合型的、具备一定技术专长的新闻传播人才，而目前的高校很难培养出这样的人才。正是由于新闻传播教育的更新速度赶不上业界传播技术的迭代变化，现行新闻传播教育开设专业的适应性与滞后性日益凸显，导致社会人才供需矛盾的急剧变化。

结合智能媒体今后发展趋向，应用型本科高校新闻传播专业人才的能力应该在三个方面强化：第一，持续学习能力。按照传播学家施拉姆的关于媒介演化"最后7分钟"理论，新技术、新媒介取代旧技术、旧媒介的速度将会大大提升，导致新闻传播理论范式不断翻新，这需要新闻传播教育不断关注新闻传播业界有关智能媒体形态的变化，提升新闻传播人才培养的能力要求，特别侧重学生的持续学习能力，适应日益突变的媒体生态环境。第二，业务动手能力和创新能力。当下智能媒体正在进入深度的发展中，受众接触信息的渠道越来越多，对信息质量要求越来越高，这需要新闻传播专业人才除了要具备过硬的专业素质，还要具备互联网思维和多学科业务素质及其相应的技能。第三，现代新媒体技术的应用能力。从智能媒体的发展趋向看，日益呈现"数据化""可视化""场景化""定向化""个性化"和"智能化"特点，这需要新闻传播者摈弃过去的思维范式，要熟练运用现代新媒体技术，比如无人机技术、直播技术、虚拟现实技术、数据挖掘技术、可视化技术、算法控制技术等。除此之外，跨文化交际能力、新媒体管理能力、新媒体策划与营销能力，等等，也是新闻传播人才必须具备的能力。

二、以智能媒体为视角，审视应用型本科高校新闻传播人才培养面临的现实困境

在智能媒体快速发展背景下，基于媒介技术更新快、投入大的特点，加上应用型本科高校本来存在的新闻传播学科专业设置时间较短、办学经验不足、办学

实力有限等先天存在的客观因素，其人才培养面临的诸多问题日益凸显。

(一) 人才培养理念定位同质化

人才培养理念决定了高校向社会输出什么类型的人才，但会受到高校所处区域整体经济发展水平、自身品牌影响力等因素的影响。部分老牌高校的新闻院系比如复旦大学、清华大学、中国人民大学等在新闻教育改革中走在了前列，明确提出了"宽口径、厚基础"的人才培养理念，积极进行了新闻传播专业人才的通识教育模式探索，更加强调培养学生在今后的新闻传播中发挥内容生产者的角色扮演。随着智能媒体的纵深发展，技术赋能对新闻传播教育的影响越来越大。纵观国内应用型本科高校的新闻传播教育，没有认真考量智能媒体视阈下媒体技术具备工具理性与技术理性的特点，盲目照搬和沿袭知名高校的人才模式，这在某种程度上造成了新闻传播专业教育理念的同质化现象。

(二) 专业课程体系设置不够新颖

笔者走访和调研了国内应用型本科高校新闻传播类专业课程设置，发现两个突出的问题：第一，专业课程设置未紧跟发展。由于新闻传播学是一门实践性非常强的学科，课程设置必须紧跟媒体技术发展的实践。从人才培养方案设置的课程来看，专业理论课程还停留在传统纸媒时期的新闻采、写、编、评、摄等业务，缺乏对智能媒体采编实务的关照。第二，实验操作课程不足。通过对应用型本科高校的调研，理论课的比例大，而关于媒体新技术的实验教学课程比例不足，仅仅为总学分的10%左右。

(三) 实践教学平台搭建不完美

实践教学是培养应用型复合人才的重要环节和途径。应用型本科高校受其自身美誉度和社会资源不够广泛等制约性因素的影响，导致实践教学平台搭建不尽人意。第一，实践教学设施不够新颖。第二，学生专业实习实训"重内轻外"。有些应用型本科高校受办学自主权等因素的制约，担心学生在校外专业实习实训工作可能导致的风险，因此容易忽略学生的校外专业实习实训工作。校内专业专业实践课程虽然能在一定程度上提高学生的实践技能，但这种实践课程只是对现态媒体环境简单的模拟，这与真实的媒体工作环境是两个完全不同的概念，不能从根本上全面提升学生的专业实践能力。

(四) 师资队伍建设不够完善

智能媒体背景下新闻传播学科受技术驱动因素呈现"融合交叉"的特征，这不仅需要新闻传播的专业教师具备雄厚的基础理论，还需具备新技术的熟练运用技能。应用型本科高校的师资队伍在学缘、学历、职称、专业背景和发展前景等方面都无法与传统新闻名校相媲美，智能媒体的出现可能加剧了其在师资方面存在的欠缺。

三、以智能媒体为发展契机，积极探索应用型本科高校新闻传播人才培养的新路径

本书所研究的应用型本科高校的新闻传播教育样本为浙江越秀外国语学院。该学院新闻传播教育始于 2011 年，相继开设了编辑出版学、传播学、新闻学、网络与新媒体、数字媒体艺术、数字媒体技术等 7 个本科专业，构建了以市场需求为导向、以能力本位教育为基础、具有网络传播特色的人才培养模式，引发了社会各界的广泛好评。

（一）重构学科专业布局，突出数字化、可视化和融合性

传统意义上的学科专业布局具有异质性，各个学科专业界限比较分明。随着媒介技术的发展，特别是网络媒介经历了由 Web1.0、Web2.0 和 Web3.0 时代的转变历程，媒体的生产方式和生存形态正在发生深刻的变革，新闻传播教育理念正在发生翻天覆地的变化，这在某种程度上消弭了新闻传播学科专业的界限。正如南京大学新闻传播学院教授胡翼青所言，传统媒体和智能媒体不是简单的竞合关系，"是时候检讨一下学科思维了，旧的框架是永远看不到新世界的"。应用型本科高校在重构新闻传播学科的时候，一定考量智能化媒体的视野，突出"数字化""可视化""融合性"的特性。数字化、可视化、融合性是未来新闻传播业的发展图景，这是不可逆转的时代潮流，也是新闻传播业加速融合的必然阶段。为此，需要做好三点：第一，聘请智能媒体传播领域知名的业界和学界专家联合成立新闻传播学科建设专家指导委员会，为新闻传播学科专业合理布局把脉，做好新闻传播学科的顶层设计。第二，通过整合、交叉融合、重点突破的方式积极构建文学、艺术学、工学等各种学科专业布局。第三，细分专业方向，重视专业交叉。比如浙江越秀外国语学院开设了涵盖文学、艺术、工学的"一体两翼"的专业布局，形成了互为支撑、融会贯通的新闻传播人才专业群，日益凸显数字化、可视化、融合性三大特点，这在国内高校具有开创性，这也是很多传统高校难以消解学科专业界限而面临的学科专业发展困境。虽然学科布局合理，但在凝聚"数字化""可视化""融合性"特色方面仍需努力。

（二）搭建智能媒体专业实践平台，注重多层次、模块化、全程化

反观当下新闻传播教育，很多专业实践平台无法适应智能媒体新闻传播业发展的形势，不能有效提升学生的专业能力。搭建智能化媒体专业实践平台已

是当务之急，这是化解新闻传播教育无法适应新闻传播实践的利器。当然，应用型本科高校搭建智能化媒体专业实践平台时要以能力培养为导向，架构"以实验课程为基础，专业实践为重点，专业实习为延伸，毕业设计和创新实践为抓手"的多层次、模块化、全程化的实践教学体系。比如浙江越秀外国语学院在构建智能媒体专业实践平台方面，已经建构了具有先进媒体技术支撑的，具有智能化、人性化的网络传播教学实验中心和新媒体艺术实验教学中心，包括6个专业教学实验室和9个实习实训工作室，总面积1000多平方米。在实训课程设计上，7个专业都根据专业特点设置了相应的实践教学模块，几乎囊括了当下的个性化新闻、机器新闻写作、传感器新闻、临场化新闻以及分布式新闻，确保实践课学分占比达到30%，实现从注重知识传授向更加重视能力和素质培养的转变。

（三）打造复合型师资队伍，注重多学科、多层次、国际化

按照习近平总书记对教师队伍建设要求，育才由育师始，育人者先受教育。在智能媒体时代，新旧媒体之间的界限被消解，需要从事新闻传播教育的老师具备跨学科的知识储备。比如浙江越秀外国语学院按照"应用型、国际化"的师资队伍要求，大力引进和培育复合型高端人才。在引进高层次人才时，不完全拘泥专业背景，注重专业的相关性和交叉性，引进了大量具有计算机学科背景的高层次人才，这适应了智能媒体凸显的技术属性，为实现学科专业的交叉融合奠定了基础；从国外及台湾地区引进了具有高级职称的新闻传播学科的教授，不仅保证了双语教学，也提升了新闻传播教育的国际交流。在人才培养方面，充分利用部校共建机会，积极落实高校与新闻单位从业人员互聘有关工作，并以此为契机，加强学界和业界在师资队伍建设方面的合作和交流，提高教师的教育教学能力和科研转化到教学实践的能力。到目前为止，学院形成了一支学历层次、年龄层次、职称结构、学缘结构合理的师资队伍，形成独特的跨学科优势，能满足本专业不同类型的教学内容需求。

（四）积极构建协同育人机制，化解人才供需矛盾

高校承担了培养人才、发展科技、服务社会的三大职能。应用型本科高校应该立足新闻传播人才培养的现实语境，走出"象牙塔"式人才培养方式，使人才培养供给侧同未来市场需求侧精准对接。随着智能媒体时代的来临，应用型本科高校应该积极构建协同育人机制，以解决人才培养供给侧和产业需求侧结构的矛盾。比如浙江越秀外国语学院致力于探索与实践SPT应用型人才培养体系，充分利用互联网发展的契机，采取"互惠、共享"的原则，先后与国内外50余家

企事业单位建立战略合作协议,构建了"互联网＋职业规划＋实习实训＋就业"协同育人模式。为此,学院大力推进"三个融合"即外语教学与专业教学的有效融合、理论教学与实践教学的有效融合、本土教育与境外教育的有效融合,和"四个协同"即校校协同、校地协同、校企协同、国际协同,从而实现学生外语应用能力、专业实践能力、就业创业能力、职业发展能力、社会适应能力的培养。

第二章
智媒化趋势与应用型新闻传播人才培养

20世纪90年代,中国加入国际互联网成为互联网国家,多年的互联网发展史如闪电般变革着社会的方方面面,尤其对媒体更是进入深度变革的态势,传统意义上的媒体在互联网技术的驱动下,不断发展变革媒介形态,从传媒媒体到自媒体到泛媒体以至智媒体,媒介形态的深度变革也对新闻传播教育提出新的问题与挑战,如何回应技术驱动下的新媒体发展业态,是高校新闻传播教育的核心问题。

第一节 >>> 智媒化趋势下应用型新闻传播人才培养面临的问题

一、智媒时代导致专业边界的消解

技术驱动的互联网演进规律,促使大众媒体遵循"传媒化"—"众媒化"(或"泛媒化")—"智媒化"演变趋势,尤其是人工智能、物联网、VR/AR等新技术的推动,媒体出现"智能化"趋向。这个趋向体现的特征主要是万物皆媒、人机共生、自我进化。智能技术与新闻传播的结合形成新的新闻生产模式:个性化新闻、机器新闻写作、传感器新闻、临场化新闻、分布式新闻成为新的新闻生产模式。智媒时代的传媒业生态在用户系统、新闻生产系统、新闻分发系统、信息终端等方面实现无边界重构,这对传统新闻传播人才培养的专业细分产生挑战,新闻传播专业在智媒时代的边界被消解,需要重构新闻传播人才培养专业边界。

二、技术驱动促发新媒体的行业能力诉求

互联网技术驱动的媒体业态,报纸、广播、电视等传统媒体日益变革转型,数字技术驱动的新媒体逐渐成为主流媒体。媒体业态的"泛媒体化"倾向显著,除了上述三大传统媒体之外,基于互联网的门户网站、网络媒体、互联网公司、

企事业单位甚至个人都具备了媒体功能。基于智媒化趋向、服务"泛媒"行业的应用型新媒体人才成为新闻传播人才培养的主要目标，包括以新媒体编辑、记者为主体的传播人才，以新媒体产品设计为主的设计人才，以新媒体经营为主的管理人才。这些人才细分的能力诉求如网络架构师、产品经理、用户体验师、产品设计师、数据分析师、文本编辑师等新岗位，促发的新行业需求，对以培养传统媒体人才的新闻传播专业来说是无法满足的，也提出了新的能力诉求。

三、传统新闻传播教育的困境与瓶颈

技术驱动形成的智媒时代，以及大量涌现的新媒体产品，使得对应用型新媒体人才需求激增，它不仅包括传统媒体自身的新媒体转型布局所需要的人才，也包括新技术、新媒体产品呈现所延展的新岗位。然而目前高校新闻传播教育的困境是新闻传播教育的发展跟不上技术驱动的新媒体行业的发展。一方面，外部条件需求非常大，但是高校新闻传播教育培养的毕业生就业竞争力不强，媒体行业新闻传播类专业毕业生比重逐年下降，反而中文、政治、社会、心理学、计算机等其他专业毕业生增加。另一方面，内部条件则变革阻隔较大，课程设置不合理、实践教学比例小、教学硬件跟不上、师资力量薄弱、实习实践平台缺乏等成为改革的制约瓶颈，与"跨学科""复合型""应用型"的符合新兴媒体业态需求的人才培养标准差距较大，传统新闻传播教育面临深度变革。

第二节 >>> 智媒化趋势高校新闻传播教育培养的回应

人工智能、物联网、VR/AR等新技术的推动，媒体出现"智能化"趋向，以及"智媒化"所产生的新媒体业态对媒体从业人员的能力素质新要求，对传统新闻传播教育改革的共识是：传统的新闻传播教育及人才培养模式所对应的是非互联网时代的大众传播，而今新闻的边界被打破，信息传播实时交互，传统的新闻传播教育已难以适应当下媒体及社会对新型传播人才的需求，因此，新闻传播教育改革势在必行。当前，基于技术驱动的新媒体业态环境下，新闻传播教育到底培养什么样的人，怎么样培养人？主要有以下几种观点。

一、新闻传播人才培养模式

高校新闻传播教育经过探索与实践，基本形成三种主要模式：一是以传统新闻学训练为主，互联网信息传播与应用为辅，这种模式以中国人民大学和中国传媒大学为代表；二是以互联网应用和技能训练为主，传统新闻学训练为辅，这种模式以武汉大学和华中科技大学网络传播专业为代表；三是以传播学训练为主，

以互联网信息传播和应用为辅,这种模式以复旦大学新闻学院为代表。目前基本上围绕上述三种模式展开,只是在技术与行业驱动发展背景下的实践与探讨。

二、新闻传播人才培养目标

高校新闻传播人才培养目标的设定依然遵循技术驱动和行业互动的高等教育规律,主要提出了以下四种新闻传播人才培养目标:一是"卓越新闻传播人才"。这是国家层面对新闻传播人才的培养要求,2013年教育部和中宣部联合发文推进卓越新闻人才培养计划,要求培养以"马克思主义新闻观"为指导的,具有全媒体技能的应用型、复合型新闻传播人才。二是"复合型"新闻传播人才。"复合型"新闻传播人才培养目标几乎是高校新闻传播教育应对技术驱动的新媒体业态。"复合型"新闻传播人才就是要打破专业的"壁垒"和"藩篱",改变单一知识结构,培养具有人文情怀和跨学科理论与知识,掌握全媒体理念与技能的新型传播人才。有学者在"复合型"新闻传播人才培养的基础上,基于互联网时代信息过载、信息泛滥、信息茧房等信息爆炸问题,提出专家知识建构的需求,认为要培养专家型新闻传播人才。三是"应用型"新闻传播人才。"应用型"新闻传播人才培养目标主要体现三个趋向,第一种趋向是提出"全媒体技能"培养目标;第二种趋向是提出"核心能力"或"职业能力"或"实践能力"培养目标;第三种趋向是基于区域新闻传播院校的"本地化"培养目标。四是"创新型"新闻传播人才。"创新型"新闻传播人才培养是基于国务院、教育部关于"高校创新创业教育改革"精神在新闻传播人才培养目标的体现,也是对技术驱动的新媒体业态不断涌现的呼应。

三、新闻传播人才培养路径

高校新闻传播教育除了对探讨新兴媒体业态环境冲击下的培养模式及培养目标回应之外,也基于问题导向重视培养路径的探讨,主要有三种培养路径:一是"跨学科"培养路径。"跨学科"培养路径就是提出要突破学科、专业的"区隔",根据互联网技术驱动产生的新媒体业态,实现跨学科、跨专业的新闻传播人才培养。二是"协同"培养路径。协同培养路径主要提出"校地协同""校企协同""校媒协同"等培养路径。三是"融合"培养路径。"融合"培养路径主要是基于媒介融合的趋势提出"师资融合""课程融合""平台融合""产学融合"等路径。

综上所述,高校新闻传播教育顺应技术驱动的新媒体业态,改革现有新闻传播人才培养方式形成共识,也基本形成新闻传播人才的培养模式,以及"跨学科""复合型""应用型"的人才培养目标,探索新闻传播人才的培养路径。但是对于新闻传播教育与技术、行业及培养类型互动则还有待进一步深入改革实践的问题？如"跨学科"培养如何"跨"，融合什么"学科"？"复合型"是一种什么样的人才结构，是"一专多能""以专带通""全能型"还是"专精型"？"应用型"的能力标准、实践标准、评价标准是什么？培养路径的方式及有效性到底如何呈现，等等。

第三节 》》 智媒化趋势应用型新闻传播人才培养理念及原则

一、应用型新闻传播人才培养理念

互联网技术驱动造就的新媒体业态，高校新闻传播教育改革是深度变革。高校新闻传播教育作为人文社科教育，它既有新闻传播的基础理论，同时又是非常强调技能的应用型人文学科。因此高校新闻传播教育改革的理念应该坚持"三互动"，即新媒体教育与技术趋势互动、新媒体教育与新媒体业态互动、新媒体教育与人才培养层次互动。

（一）新媒体教育与技术趋势互动

互联网的发展在本质上是技术驱动的结果，大数据、云计算、人工智能、物联网、VR/AR 等技术趋势极大地延展了互联网的物理空间，并把互联网与人进行了紧密的勾连，互联网不再是虚拟的存在空间，它成为人延伸媒介空间的重要载体，甚至成为人类沟通的主要空间之一，传统意义上人际传播、组织传播、群体传播以及大众传播的边界被打破，互联网的技术趋势造就传播边界的融合，实现无边界重构。因此高校新媒体教育必须关注的理念是技术趋势的影响及发展，实现新闻传播教育与技术趋势的互动。

（二）新媒体教育与新媒体业态互动

技术驱动的互联网空间对媒体造成两个重大影响：一是报纸、广播、电视等传统媒体面临自身的深度变革与转型，传统媒体自身面临互联网技术的变局。二是数字技术革命涌现的新媒体业态，使得媒体呈现"众媒化""泛媒化""智媒化"的趋势，新岗位、新技术、新能力不断挑战高校新闻传播教育现状，必须实现与新媒体业态的互动，培养与新媒体业态向适应的人才。

（三）新媒体教育与人才培养层次互动

高校新闻传播教育在人才培养层次上是分层的，包含博士、硕士、本科等人才层次；在学校办学类型上是分层的，包括研究型、教学研究型、教学型；在学校办学层次上是分层的，包括研究型和应用型。不同的类型层次有不同的办学理念、培养目标。同时行业诉求也是分层的。高校新媒体教育必须与人才培养层次互动,比如应用型人才培养目标的互动。

二、应用型新闻传播人才培养原则

(一)跨学科融合原则

智媒时代的新闻传播教育要求突破学科专业边界,打破原有知识和学科分类,将相关学科领域的基础知识和理论进行跨学科融合,建构多学科交叉的专业,通过学科互涉"搭建桥梁"和"重新建构",即在成熟的新闻传播学、艺术学和计算机信息科学的基础上,批判性地重构新闻传播专业,实现"知识越界"。具体就是依据技术驱动的新媒体业态,通过重构新闻传播学、艺术学和计算机信息科学相关基础知识和理论,实现跨学科、跨专业融合新的专业发展路径,包括师资融合、课程融合、平台融合,等等。

(二)复合型构造原则

智媒时代的新闻传播教育就内部各专业之间也需要突破专业的"围墙",树立"大新闻传播"理念,根据技术发展趋势和行业发展需求,进行新闻传播类专业的复合型构造,主要是构建"三基"结构的复合型新闻传播人才,即新闻传播基础知识和理论、新闻传播基本技能和互联网行业技术能力、新闻传播基本媒介素养。

(三)应用型导向原则

智媒时代万物皆媒、人机共生、自我进化,技术与行业深度融合,技术更新、新媒体产品迭代加速扩散,对新闻传播人才的数量需求及能力诉求较大,智媒时代要求的新闻传播人才是具有专业实践能力的应用型人才,所以要坚持应用型导向,为智媒化的互联网培养应用型人才。

第四节 >>> 智媒化趋势应用型新闻传播人才培养路径

一、智媒时代应用型新闻传播人才培养目标

智媒时代应用型新媒体人才培养的目标:依据技术驱动的新媒体业态需求,针对互联网人才培养的应用性需求(图2-1),通过跨学科融合(图2-2)策略,构建具有新闻传播和互联网基础知识理论、新闻传播和互联网基本技能、新闻传播基本媒介素养的"三基"复合能力,培养新媒体技术为主、新闻传播理论为辅的应用型新闻传播人才。

图 2-1 互联网人才需求层次

图 2-2 跨学科融合示意图

二、智媒时代应用型新闻传播人才能力标准

（一）基本能力

(1) 新闻传播学基础知识。

(2) 新闻传播学基本理论。

(3) 互联网基础知识。

（二）基本技能

(1) 内容生产能力。

(2) 信息传播能力。

(3) 数字媒体技术应用能力。

(4) 新媒体策划运营能力。

（三）基本素质

(1) 互联网思维。

(2) 创新创意思维。

(3) 新媒体调查方法。

(4) 新媒体伦理。

(5) 跨媒体团队协作。

三、智媒时代应用型新闻传播人才培养方式

（一）基于生态环的专业群建构

以应用型互联网人才培养为核心，通过内容生产、信息传播、技术辅助生态环的专业架构，构建以新闻传播学为主体、数字媒体艺术和数字媒体技术为支撑的"一体两翼"专业群，实现基于互联网生态环境的应用型人才培养环，如图 2-3。

图 2-3　互联网信息生态环

（二）基于能力本位的专业实践教学体系构建

以能力本位教育为基础，构建新媒体人才培养实践教学体系，它的主要内容包括：能力本位视域下的新闻传播类人才培养实践教学体系的定位应该是介于研究型实践教学体系和职业型实践教学体系之间的，培养具有新闻传播专业基础知识、互联网专业基本技能以及社会适应能力的具有一定职业发展能力的高素质应用型人才（表 2-1）。能力本位视域下的新闻传播类人才实践教学体系的架构是"以实验课程为基础，专业实践为重点，专业实习为延伸，毕业设计和创新实践为抓手"的多层次、模块化、全程化的实践教学体系，其中专业实践能力和创新能力培养是核心（图 2-4）。能力本位视域下的新闻传播类人才实践教学体系的路径是构建系统化地贯穿人才培养始终的实习实践课程体系，探索"分层化、平台化、开放化、产业化"实验教学体系，建构以创新能力培养为核心的大学生专业实践项目。

表 2-1　不同教学体系的主要区别

内容	研究型实践教学体系	应用型实践教学体系	职业型实践教学体系
人才类型	研究型人才	应用型人才	技能型人才
知识要求	系统的学科理论知识	核心学科理论知识、专业技能知识	专业技能知识
能力标准	科学研究能力	技术转化与应用能力	技术应用能力
主要实践平台	实验室	实验室、校企合作	校企合作

（三）基于"四个协同"的校外实践教育基地建设

"四个协同"作为应用型新媒体人才培养主要载体，主要通过校校协同、校地协同、校企协同、国际协同构建大学生校外实践教育基地，提升大学生的专业实践能力。

"校校协同"是通过与国内高水平新闻院校合作，通过互派交换生、师资交

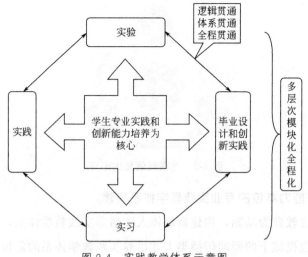

图 2-4　实践教学体系示意图

流、科研合作提升专业水平。

"校地协同"是通过与地方政府部门合作实现学生专业实践能力提升，尤其是通过部校共建平台，提升大学生的专业实践能力。

"校企协同"是通过"百名企业家进课堂"，建立紧密型大学生校外实践教育基地的方式，与互联网企业开展产学研合作。

"国际协同"是与国境外大学建立友好关系，通过"2＋2"或"3＋1"、交换生、教师进修等方式拓展学生的专业视野。

（四）基于工作室模式的创新创业能力培养

基于工作室模式的创新创业能力培养是以新闻传播类、数字媒体艺术、数字媒体技术专业师生为主体，依托学院与国务院新闻办中国互联网新闻中心联合举办的"中国互联网新闻信息管理人才培养基地"，建立网络安全科普基地。浙江省首批卓越新闻人才培养计划共建单位中的网络传播学院，充分利用浙江省新兴特色专业传播学专业、浙江越秀外国语学院重点学科新闻传播学一级学科等优势，以及学院拥有独立场地的、各种专业的软硬件实验设备的网络传播教学实验中心、新媒体艺术教学实验中心，为工作室的正常运作提供了学科专业和场地设备的保障。在专业教师团队的指导下，工作室从大学生网络志愿服务、大学生网络舆情分析和大学生网络文化产品创作三个方面建设大学生网络文化，传播正能量，清朗网络空间，培养大学生的创新创业能力。

第三章
他山之石：韩国传媒教育的典型研究

韩国传媒教育是与韩国传媒业同步发展的。韩国传媒教育呈现跨学科的专业设置，培养复合型人才，国际专业教育机构论证，多元灵活课程体系，理论与创作教育相融合，重视学生专业实践能力培养的特点。其对我国传媒教育的启示有注重跨学科融合，培养复合型传媒人才；重视国际专业教育机构认证；实现理论教学与实践教学相融合，重视传媒专业实践能力培养；强调传媒教育的创业和就业。

第一节 韩国传媒教育的特点及启示

一、韩国传媒教育特点

韩国传媒教育发展的历史体现了传媒教育与社会、经济、文化深刻的互动关系，形成既有全球媒体发展特征，又有本土发展特征的传媒教育体系。这里以韩国翰林大学传媒教育为个案，管窥韩国传媒教育的特点。

韩国翰林大学成立于1982年，校址位于韩国江原道春川市，是韩国著名的私立大学，以个性化教育和培养应用型人才闻名。2010年，翰林大学入选韩国教育科技部评价的200所大学"教学优秀大学BEST11"，连续五年入选韩国教育力量强化工程，教育条件领域排名韩国第四位。韩国翰林大学传媒专业现有在校生800余人，是韩国传媒专业在校生人数最多的院系之一。传媒专业的学生就业率保持在70%以上，为韩国传媒专业就业率最高院系之一。2008年，翰林大学广告宣传学科通过国际广告协会（IAA）论证，成为韩国首个通过国际著名教育资格认证的学校，使得翰林大学广告宣传学科与国际教育水平一致，翰林大学传媒专业的学生除了能获得学校毕业证书外，还能获取国际广告协会颁发的IAA Diploma学位。2010年，韩国京乡新闻经济研究所（ERISS）发布"2010

年大学持续可能指数",翰林大学在沟通·公平领域排名第一,在教育领域位居第四,在学生生活满意指数位居第六,成为韩国传媒教育的著名学校。

(一)跨学科的专业设置,培养复合型人才

翰林大学传媒专业凭借通信技术的迅猛发展,以培养与广告和宣传活动,企业和公共机关的广告宣传及市场营销部、传媒公司等相关领域的专门人才为目标,将"Read&Lead"贯穿教学中,着力指导和培养推进世界发展的人才。

翰林大学的传媒专业设立具有明显的跨学科属性,人才培养体现复合型特征。翰林大学传媒专业设置在社会科学学院,直接相关的系部为言论信息学部和广告宣传系,现有言论(新闻)专业、传播学专业和多媒体专业三个专业。除此之外,翰林大学传媒专业还创设超越单一学科领域的联合专业和自由跨专业的项目。联合专业设置包括:言论信息学部与人文学院国语国文学系联合设立的影像文艺创作联合专业;言论信息学部与经营学院经营学专业联合设立的集会学联合专业。自由跨专业项目包括:言论信息学部与集会观光经营专业、医疗经营专业设立的医疗观光营销员专业;言论信息学部与经营学专业、电脑工程学系、国语国文学系设立的数码游戏专业。

(二)国际专业教育机构论证

韩国传媒专业非常重视国际专业教育机构认证,以保持韩国传媒专业发展与国际一流水平保持同步。翰林大学广告宣传学科在2008年通过国际广告协会(International Advertising Association,IAA)论证,成为韩国首个通过国际专业教育资格论证的学校。翰林大学传媒专业的学生在完成学习后,不仅可以获得毕业证书,还可以获得国际广告协会颁发的IAA Diploma学位证书,增强了翰林大学传媒专业学生的就业竞争力。国际广告协会(IAA)认证课程由公共必修课程和类别选修课程组成。公共必修课程包括:市场营销理论、消费行为、IAA沟通理论、IAA调查方法论、广告概论、媒体企划论、IAA国际传播、IMC活动、国际市场营销交流专题。类别选修课程包括:广告推广论、创意原论、广告和社会、公共关系概论、直接反应式营销、交互媒体。

(三)多元灵活课程体系

韩国传媒教育把课程体系由教学课程和非教学课程组成,紧密围绕人才培养以及自身优势构建多元灵活的课程体系。三个专业教学课程的共同课程包括:LOHAS沟通理论、国际传播、前途与职业选择、LOHAS多媒体制作基础、LOHAS调查方法论、健康管理内容制作、健康新闻报道、新媒体与社会、传播学导论等,其他教学课程三个专业则完全是根据人才培养目标不同而设置,课程

设计的内容也比较宽泛，设计多元灵活。特别指出的是，翰林大学传媒专业的健康管理内容制作、健康新闻报道教学课程，正是基于翰林大学的优势而设置的，翰林大学医院学科是韩国顶级的学科，整个翰林大学基本上是基于医学优势而建立的其他院系，因此翰林大学的传媒专业也设置其大学自身优势的共同教学课程。

翰林大学传媒专业也重视非教学课程的积极推进。翰林大学传媒创业在韩国首创以实务训练为重心的广告集中营（AD Camp）；积极推进广告宣传社团的建设，并使活动常规化；开创广告宣传学术节（H.F.A）；开创 IAA 导师和学员项目（Mentor & Mentee）。

（四）理论与创作教育相融合，重视学生专业实践能力的培养

翰林大学传媒专业注重理论与创作教育相融合。在师资队伍建设上构建理论和实务兼备的广告宣传经验丰富的教授队伍，积极引进广告影像创作的业界精英担任专业教授。在课程设计上也重视实践课程的建设，翰林大学言论（新闻）专业大致一半的课程为实践课程，课程标识为 Capstone 设计，如新闻读书讨论、印刷媒体编辑及设计、新闻报道、新闻制作练习、时事纪录片制作、地方报纸实习记者等。

翰林大学传媒专业非常重视学生专业实践能力的培养，通过组建广告宣传及市场营销领域专业社团——RUN 社团，积极参与世界级的学科竞赛来提升学生广告宣传相关的专业实践能力。翰林大学传媒专业的学生在戛纳广告节（CANNE）、克里奥广告节（CLIO）、纽约国际广告节（New York Festival）世界三大广告节以及其他国际国内著名广告比赛中获大奖，产生重要影响力。如 2008 年翰林大学传媒专业学生获得韩国历史上第一个戛纳广告节银奖；2010 年获得纽约国际广告节最终入围奖以及釜山国际广告节银奖；2011 年获得第八届国际广告协会（IAA）世界第三名、亚洲第一名以及第 41 届美国国际创新奖印刷媒体金奖；2012 年获得韩国历史上第一个克里奥广告节交互式媒体铜奖以及第 42 届美国国际创新奖数字显示金奖；2015 年获得第 45 届美国国际创新奖六项大奖以及第八届釜山国际广告节银奖、水晶奖、入围奖等 6 项。

二、韩国传媒教育启示

（一）注重跨学科融合，培养复合型传媒人才

中国传媒教育经过多年的发展，尤其是改革开放以后传播学学科专业的引进，已经初步形成了比较成熟的传媒教育体系。新闻传播类专业形成新闻学、传播学、编辑出版学、广告学、广播电视新闻学、网络与新媒体、数字出版等 7 个

专业，并且形成相对完整的人才培养目标和人才培养体系。韩国传媒专业建设的跨学科属性，复合型传媒人才培养，尤其是创设超越单一学科领域的联合专业和自由跨专业的项目，值得我国传媒教育借鉴学习，它更加符合现代互联网产业发展对传媒业的人才需求。

（二）重视国际专业教育机构认证

韩国传媒教育发展一直紧跟西方传媒教育的发展趋势，在西方传媒教育的基础上，逐步形成自身的教育特色，比如特别重视沟通的教育，强调传播的批判意识，重视国际专业教育机构的认证等，尤其是国际专业教育机构的认证，韩国传媒教育把它看成是与国际一流水平保持一致的重要标志，积极努力地申请国际专业教育机构的认证，比如翰林大学申请到的韩国第一个国际广告协会（IAA）认证，有力地促进了传媒专业学生的人才培养质量。我国传媒教育需要借鉴韩国传媒教育重视专业教育机构认证的经验，重视传媒领域公认的国际专业教育机构的认证，以提高我国传媒教育的国际化水平。

（三）实现理论教学与实践教学相融合，重视传媒专业实践能力培养

韩国传媒教育在发展中曾经比较重视理论教学，一直忽视实践教学，所以韩国传媒专业的学生一度因为专业实践能力偏弱导致就业困难。近年来，韩国传媒教育界普遍认识到这一教育偏差，开始重视实践教学，努力实现理论教学与实践教学相融合，重视传媒专业实践能力的培养，突出的特点就是重视学生学科竞赛，通过参加戛纳广告节、纽约国际广告节等国际知名的广告节提升学生的专业实践能力。同时根据韩国传媒业的趋势发展，不断修改传媒教育人才培养方案，增加专业实践课程，以符合韩国传媒业的发展。我国传媒教育在近年来根据传媒业发展的趋势，尤其是传统媒体与新兴媒体融合发展的趋势下，重视理论教学与实践教学的融合，强调传媒专业学生专业实践能力的获得。但总体来讲，我国传媒教育在应对传媒业迅速发展的趋势尚存在差距，需要进一步实现理论教学与实践教学的融合，以学生专业实践能力的提升作为传媒教育专业改革的重点。

第二节 韩国传媒专业创业教育的特点及启示

韩国高度重视文化产业的发展，把"文化立国"与"科技立国""教育立国"并列为韩国三大国策，以文化、科技、教育三者驱动提升整个韩国综合影响力，使韩国成为世界著名的文化产业生产国和输出国，尤其是电视产业、娱乐产业、游戏产业、设计产业等相关传媒产业，形成举世闻名的"韩流"风潮，影响亚洲，甚至辐射整个世界。其主要原因就是韩国不断创新发展的传媒内容生产体

系，其中保证这一体系持续创新发展的因素就是韩国形成了完备的传媒创业教育体系。

一、韩国传媒专业创业教育缘由

（一）韩国"文化立国"的方针是韩国传媒专业创业教育的动因

韩国政府为了适应21世纪经济社会发展的趋势，在1998年正式确立"文化立国"的方针，随后几年先后出台《文化产业推进计划》《二十一世纪文化产业前景》等文化产业政策。2001年，韩国正式成立文化产业振兴院，设立5000万美元/年的政府资助，目的是打造完备的文化产业综合资源体系，使其成为世界五大文化产业生产国之一。韩国的"文化立国"方针加上韩国一直实施的"科技立国"和"教育立国"战略，使得韩国政府高度重视高校创业教育，认为高校创业教育是韩国未来经济繁荣和保持竞争力的重要引擎，是韩国保持民族活力的重要内核。2011年，世界银行发布的《2011年企业环境评估报告》显示：韩国成为"最适宜办企业的国家"，在世界183个统计国家中名列第八位，韩国每年新成立的中小企业达5万家以上，韩国大学生选择自主创业的比例高达50%，并且韩国大学生的创业成功率也位居世界前列。高校大学生创业成功的企业很大部分是影视、娱乐、动画、游戏、设计等与文化传媒专业相关的专业。

（二）韩国经济危机的应对是韩国传媒专业创业教育的外因

韩国经济经常受到世界经济发展的冲击和影响，尤其是经济危机的影响。以2008年以来的全球金融危机为例，韩国进出口贸易急剧下降，国内消费骤降，失业率剧增，2009年初韩国官方统计数据，个体经营户数量减少40万个，新增失业人数达10万人，接近100万失业人口，83.8%入学率的韩国大学生成为首当其冲的就业群体。然而韩国政府应对经济危机的能力和水平也往往让世界瞩目，每次经济危机的"寒流"袭击韩国经济时，韩国政府经常用"韩流"应对渡过难关，其中重要的"韩流"就是韩国持续创新的文化产业。韩国政府鼓励大学生积极投入到文化产业的创业中去，不仅在观念上努力改变大学生的就业观，更是以优厚的政策扶植大学生投入文化产业的创新创业。在韩大学生创业更多是自愿自主的行为，韩国经济危机的应对策略构成韩国传媒专业创业教育的外部因素。

（三）韩国传媒专业发展特点是韩国传媒专业创业教育的内因

韩国的传媒专业发展与大多数东方国家一样，最初发展的目的是为了启发民智、教化民众，与西方传媒经营性发展目的有着根本的区别。20世纪60年代以后，随着一批在西方学习的韩国传媒学者归国，韩国传媒专业开始出现转向，逐步趋向东西方融合发展。与其相比较的中国传媒专业，虽然也是从西方引入传媒理论，但在社会发展的历程中，尤其是马克思主义新闻传播理论的发展，中国形成了独具特色的新闻传播理论体系。因此与西方及中国传媒发展相比，韩国传媒专业的发展没有形成自己完备的传媒理论体系，反而与经济、文化及社会发生巨大的联结，传媒与社会互动特别紧密，使得韩国的传媒专业有许多社会、政治、经济、文化、管理甚至经营的知识。比如韩国新闻传播教育的鼻祖韩国首尔大学新闻传播系传媒专业的课程有沟通理论、沟通研究方法、广播分析、媒体技术的历史、人机交互和沟通、传播与现代社会、网络空间等。同时根据华中科技大学韩国留学生金允美对韩国著名新闻传播院系课程调查的结果显示，韩国著名大学新闻传播院系的传媒课程占总课程的比例也是比较低的，首尔大学新闻信息学系媒体类课程仅占全部课程比例的 9.2%，延世大学新闻影视学院的比例为 12.15%，庆熙大学新闻信息系的比例为 13.58%。这就在客观上为韩国传媒专业的创业教育提供了多学科的专业基础。

二、韩国传媒专业创业教育特点

（一）政府主导

韩国传媒专业创业教育的特点及成效在于韩国政府对经济社会发展的深刻把握，是在韩国政府理念、政策扶持、资金保障、文化产业园区建设的主导下促成的，带着显著的政府主导特征。韩国政府早在应对 1997 年亚洲金融危机时，就提出"文化立国"的方针，以文化产业发展作为韩国经济社会发展的支柱产业，先后制定《文化产业发展五年计划》《文化产业推进计划》等多个文化产业政策，并根据世界文化产业发展的动向，不断调整政策。与此同时，韩国政府专门设立文化产业振兴院，鼓励在文化产业领域的创业，每年给予专项创业基金扶持文化产业的创业，对于出口到海外的文化产品，文化产业振兴院还帮助予以申请免税支持。

韩国政府主导传媒类专业创业教育的成功范例就是人才培养与文化产业园建设融合的"产学研"一体化文化产业园建设。韩国政府从 2001 年开始，每个园区平均投入（50~300）亿韩元不等的专项基金，以电影、游戏、卡通、广播、电视等产业为重点，建设文化产业园，集中培养传媒相关的创业人才，并依据韩国《文化产业振兴基本法》，对文化产业园区相关配套设施予以免费，对相关进口设备予以免税。截至目前，韩国已经建成 20 个文化产业园区，2 个综合文化产业园区，基本覆盖韩国全境，保证韩国文化产业的可持续发展。以 2015 年韩国首尔市政府刚刚建成的综合文化产业园区数字媒体城（Digital Media City，DMC）为例，数字媒体城（DMC）占地 569925 平方米，总投资 65 亿美元，最初建设的目的是为了集聚和激励 10000 多家坐落在首尔的小型数字媒体创新型企业，建立一个群体数字媒体城，产生集聚效应。之后，韩国政府根据信息技术不断发展的趋势，提出"信息技术与文化相遇"的概念，集合《东亚日报》、《朝鲜日报》、MBC 电视台、SBS 电视台、YTN 电视台、首尔新闻电视台、KBS 广播公司等韩国主要媒体，LG 电子通信、LG CNS 信息技术中心、泛泰电子研发中心等韩国尖端信息技术企业，重点发展媒体娱乐广播、游戏、电影/动画制作、音乐和 Cyber 教育，把数字媒体城打造成世界上第一个数字媒体技术研发中心、世界数字媒体内容制作基地，通过与世界各高校间的合作形成媒体研究和业务中心。

（二）企业驱动

韩国传媒业具有政经联手、产业集群等特点，韩国政府决定传媒业发展导向策略，韩国 SK、LG、CJ E&M、三星等主要企业在理念转型、资金支持、技术跟进以及品牌推广上予以积极响应。LG 公司最初只是电子和化学品生产商，初期的品牌意思是 Lucky-Goldstar，韩国政府发布"21 世纪设计时代宣言"，LG 公司对其品牌进行了完整的视觉设计，以"Life's Good"替代。SK 集团原为一家织物工厂，SK 仅代表公司英文名，此后 SK 以"幸福翅膀"为理念，统一视觉标识。

韩国传媒业在创业教育中最突出的特点是建立专业的创客空间，鼓励传媒专业相关大学生创业。CJ E&M 集团是韩国最大的娱乐媒体公司，旗下业务覆盖电影、电视、音乐、演出、媒体、游戏等娱乐文化事业各个层面，已全面发展成为在韩国乃至全球范围内最具竞争力的娱乐传媒集团之一。CJ E&M 集团在数字媒体城（DMC）建立文化创造融合中心创客空间，作为创造文化繁荣的崭新历史而发起的"文化创造融合带"的首个大本营，为培养韩国最具代表性的全球整合文化内容专家开展各种项目，创客空间将大学生创意转化为项目，提供了 12 个最具前沿技术的内容制作设施，包括有 110 个大型 LED 屏幕组成的虚拟中心、100 英寸振动型屏幕和家庭影院系统的创意实验室、D.A.V 系统的音效实验室、最尖端动作捕捉设备的特效实验室等。同时，还配备专家指导及可供研究各种创业者作品的数码档案等。创客空间还包括政府、公共机关以及 CJ E&M 集团等民间企业在内的 64 家机构，这些机构积极参与创业项目投资，支持风险项目的研发和投入。文化创造融合中心创客空间每月会选出 4 个指导专家和 20

个大学生创业者,在一个月内进行匹配式指导,并进行作品展示评价,最终将作品制成数码版本,收录于创客空间媒体库,供投资者和普通市民欣赏。创客空间还专门设立专家工作室"Expert Lab",工作室通过专家预约,免费向大学生创业者开放。创客空间设定每月最后一周的周三为文化日,举办文化创意前沿讲座,邀请文化创意专家分享创意及成功经验。

(三)学校联动

韩国政府主导文化产业的创业教育,韩国企业主动驱动文化产业创业,最终主要指向的是韩国高校相关专业的大学生,因此韩国高校相关传媒专业也充分重视大学生创业,通过与政府、企业的联动培养大学生的创新创业意识,鼓励大学生创新创业,为韩国文化产业的可持续发展提供高质量创新创业人才。韩国高校相关传媒专业联动政府、企业的最主要的方式就是建立大学生创业支援中心。韩国高校对申请进入大学生创业支援中心的大学生实行"严进宽出"政策,由大学教授和行业专家组成的评审委员会,对大学生提供的创业计划书进行严格筛选和把关,对大学生拟创业方向进行创业项目的技术可行性评价,只有通过上述严格评审,才能进入大学生创业支援中心,并获得政府和高校给予的专项基金资助。同时,进入大学生创业支援中心的大学生还可以通过中心联系专业指导教授,协助其进行创业调查分析,提供创业指导。

高校联动政府、企业鼓励大学生创业的另一个重要特点就是高校建立了完整的创业指导体系。以韩国艺园艺术大学的文化传媒创业研究生院为例,其主要以文化传媒领域的创业为核心,建立了一套与此领域相关的教育计划。课程设计同样着眼于国内外文化传媒企业发展的成功经验,从宏观及微观的视角把控当代传媒发展的特点及市场开拓的可能性,力求通过学习相关课程,寻找新的突破口,进而实现成功创业或成为该领域专业的咨询师。课程具体包括:世界数字技术咨询企业比较研究、文化传媒市场分析及创业机会发现、文化传媒产业资源的立体化研究等。除常规课程外,该院还开设为期1年的"文化传媒创业专家"和"创业咨询专家"等短期课程,主要提供与创业经营及咨询相关的最新创业理论和实务教育。

三、韩国传媒专业创业教育启示

(一)转变观念,顺应趋势,加强传媒类专业创业教育

相比较韩国传媒专业而言,中国传媒专业在批判吸收西方传媒理论的过程中,结合中国优秀文化传统,尤其是马克思主义新闻理论的研究和实践,形成了

中国特色的传媒专业理论体系。但也因其固有的传媒专业理论体系,使得中国的传媒专业很少涉及专业的创业教育,更多地把培养新闻人作为传媒专业的使命,在某种程度上固化了传媒专业的就业市场。加上近年来互联网迅猛发展,"互联网+"国家发展战略、电子商务等新兴产业的兴起,对传统的传媒专业造成了巨大的冲击,大学生就业压力凸显,而互联网相关的创新创业人才则极其紧缺,因此需要转变观念,顺应互联网发展趋势,加强传媒类专业创业教育。

(二)构建政府、企业、学校联动机制,激励传媒专业大学生创业

韩国传媒专业创业教育的成功经验就是在"文化立国"的方针指引下,构建了完整的政府、企业、学校联动机制。韩国政府制定文化产业发展政策,通过政策保障、专项资金、文化产业园建设总体规划等方式积极引导社会参与创业;韩国大型企业积极投入文化产业发展,通过传统文化挖掘、创客空间建设、设计理念转型等创新文化产业,大力传播国家文化;学校主动回应政府、企业需求,设立大学生创业支援中心,建立完整的创业指导体系鼓励传媒专业大学生积极创新创业。中国可以借鉴韩国的成果经验,构建政府、企业、学校联动机制,顺应互联网发展大潮,激励传媒专业的大学生主动创业,实现传媒专业大学生个体创业与经济社会发展共赢。

(三)重视传媒类专业创客空间建设

韩国传媒类专业创业教育成功的另一重要经验就是建立非常专业的传媒类专业创客空间。创客空间对于大学生创业而言是非常重要的场所,它在一定程度上缓解了大学生创业压力,增加大学生创业的成功率。韩国最大的娱乐媒体公司CJ E&M集团创立的文化创造融合中心创客空间就是成功的典范,它建立在最尖端的传媒前沿,吸引着几乎所有想在传媒领域创业的大学生,几乎成为传媒创业的圣地。中国在近年来也大力发展创客空间,鼓励大学生入驻创客空间,激发社会大众创业、万众创新。

第三节 》》韩国传媒专业就业指导的特点及启示

2015年6月,韩国统计厅发布就业动向资料显示,韩国15~29岁青年失业率为9.3%,为韩国进入21世纪以来最高。同时韩国发布的《2015年经合组织职业能力展望》显示,基于2013年的标准,韩国15~29岁青年失业率是30~50岁核心劳动力的3.5倍,居于经合组织国家首位,韩国青年接受高等教育的比例达到67.1%,也居经合组织国家首位。韩国青年失业率与高等教育入学率的巨大反差促使韩国政府特别重视就业工作,保证韩国社会就业率与失业率处于

相对稳定的状态。这里重点考察韩国高校传媒专业的就业指导，以期对我国高校传媒专业的就业指导提供参考。

一、韩国传媒专业重视大学生就业缘由

韩国是传媒业发达国家之一，共有相关的新闻传媒机构230多家，从业人员超过4万人，韩国报业集团以《朝鲜日报》《中央日报》等为引领，韩国电视业以韩国广播公司（KBS）、首尔广播公司（SBS）、韩国文化广播公司（MBC）等大型电视传媒集团为引领，充分利用传媒资源优势推广韩国文化，促使"韩流"成为引领亚洲传媒行业的龙头，影响甚至辐射全球。因此传媒行业是韩国大学生就业的首选职业，几乎所有韩国大学都开设与传媒行业相关的专业。与此同时，韩国传媒专业大学生的就业问题也成为韩国传媒教育的难点。

（一）韩国传媒专业供求失衡现象

近年来，随着韩国传媒行业影响力的不断提升和发展，新闻、娱乐、影视等传媒行业已经成为韩国的支柱产业之一，韩国传媒专业的就业方向也扩展为新闻、营销广告、大众传媒、媒体发布四大类别。新闻类就业方向主要为传统新闻、网络新闻、新闻摄影等，主要在各类各级报纸、广播、电视、出版机构从事新闻信息采编工作；营销广告类就业方向主要为市场营销、广告、文化研究、文化政策等，主要在政府及企事业单位从事营销、销售、品牌、设计、执行和咨询工作；大众传媒类就业方向主要为大众传播、公共关系等，主要在政府、企业、社区、教育机构、医疗福利机构、酒店、文化交流组织等行业从事专业公关工作；媒体发布类就业方向主要为媒体产品、电影与媒体研究、桌面发布等，主要在政府企事业单位从事摄影、数码编辑、数字特效、互动游戏设计、网络设计等工作。

韩国传媒教育在韩国政府大力发展文化产业的背景刺激下，专业设置方向、专业设置数量以及招生人数迅猛增加，韩国大学围绕新闻、营销广告、大众传媒、媒体发布四大类别设立新闻传播、言论映像、广告映像、广告宣传、媒介广告、媒体设计等专业方向。同时韩国有传媒专业相关的大学几乎都设立传媒院系，据相关数据统计，韩国有88所大学设立了传媒院系，其中包括11所国立大学，59所私立大学，8所公开大学。虽然韩国传媒行业生机勃勃，但受到全球金融危机的影响，近十年来韩国相关传媒企业对新员工的需求却没有增加，基本与金融危机前后持平，导致韩国传媒专业大学生毕业人数与企业需求比例严重失衡，出现供大于求的情况，传媒专业大学生就业困难、失业现象日益严重。

（二）韩国传媒行业雇佣"名校现象"

韩国公司在雇佣新员工时倾向于一流大学毕业的学生。据韩国有关部门的统计，韩国具有大学学历并在城市工作的员工，每户月平均收入是 349.4 万韩元，比同期增加 21%，而同期只有高中学历的员工，每户月平均收入仅增加 6%。这种名校学历差距引起的员工退休金差异则表现得更加明显，韩国具有大学学历的员工退休金是其原工资的 3 倍，而仅有高中学历的员工退休金不仅没有增加，反而会比原工资有所下降。韩国社会的"名校效应"自然使得大学生追求名校以及学历层次的需求不断膨胀，这也对韩国大学竞争造成了比较大的影响，韩国一流名校的竞争异常热烈。但是一流名校毕竟只是少数，绝大多数学生只能进入普通大学读书，这种现象也在一定程度上影响了大学生的就业，成为韩国大学生失业率高的重要因素之一。

韩国社会的"名校效应"自然影响传媒行业的雇佣，形成非常明显的"名校现象"。韩国《朝鲜日报》《东亚日报》《中央日报》等报业集团，KBS、SBS、MBC 等韩国大型电视传媒集团，LG、CJ E&M 等韩国大型媒体内容生产集团都愿意雇佣韩国首尔大学、高丽大学、庆熙大学、中央大学、成均馆大学、东国大学等著名大学相关传媒专业的毕业生，甚至韩国传媒行业娱乐明星的打造都倾向于使用上述传媒名校毕业的大学生，比如明星 Rain、权志龙、安七炫、林允儿、全智贤等几乎都出自庆熙大学、东国大学等名校。而韩国其他大学传媒相关专业的大学生就业压力就比较大，很难在韩国的大型传媒集团找到工作，只能到中小型传媒公司应聘。

（三）韩国传媒行业"非专业化"招聘倾向

与中国高等教育的新闻传播专业化倾向不同，韩国传媒行业在招聘传媒人才时并不限定专业，韩国传媒行业并不定向招聘传媒专业相关的人才，在招聘笔试和面试中也不专门考核与传媒相关的专业知识，存在比较明显的"非专业化"招聘倾向，只要有志于传媒行业，任何专业的毕业生均可以参加传媒行业的招聘。据韩国高丽大学原新闻与大众传播学院院长元佑铉对韩国传媒专业的观察，韩国新闻与大众传播专业学生在应聘新闻领域工作时优势不足。新闻与大众传播专业的学生到媒体去工作，并不比其他专业学生就业机会多，在媒体单位中，学文学的占 21%，其次是商业管理 19%，再次才是大众传媒，另外，社会学、心理学、历史学共占 13%。

近年来，韩国传媒教育虽然积极顺应传媒行业产业化趋势，重视专业实践能力的培养，通过产学合作、仿真实践、专业实习、专业培训增加韩国传媒专业大学生的专业实践能力。但是从根本上看,韩国传媒专业的课程设置依然以理论教学为主,实践教学的能力和水平较弱,专业人才培养与传媒行业人才需求脱节的现象依然比较显著,这也在客观上造成了韩国传媒专业大学生就业难的困境。

二、韩国传媒专业就业指导特点

韩国传媒专业供求失衡现象、传媒行业雇佣"名校现象"以及传媒行业"非专业化"招聘倾向等原因,使得韩国传媒教育特别重视大学生的就业指导,形成比较明显的特征。

(一)专业化传媒专业就业指导体系的构建

1.基于沟通为核心的"前途与职业选择"必修课程

韩国传媒教育突出的特点是重视"沟通的教育"。韩国大多数有传媒教育的大学都把沟通能力设定为传媒专业学生的核心能力。如延世大学新闻影视学院把沟通作为九大能力之一,把沟通细分为沟通心理、组织沟通、批判沟通等;庆熙大学新闻信息系传播影视专业要求把大学生培养成在人际交往、文化和谈判等方面基本上能沟通的专家。因此,韩国传媒教育把基于沟通为核心的"前途与职业选择"课程作为传媒相关专业的必修课程。如韩国翰林大学广告宣传学系的言论专业、传播学专业和多媒体专业,都将"LOHAS沟通理论""前途与职业选择"课程作为共同必修课程,并且在大一开设,分别设置1~3个学分,采取课堂讲授与实习的方式实施,培养学生的沟通能力和对未来前途职业的认知。

2.分阶段职业生涯规划

韩国传媒教育重视大学生职业生涯规划,在以沟通为核心的"前途与职业选择"必修课程的基础上,制定详细的分阶段职业生涯规划,把大学四年规划为四个阶段。大一为了解兴趣和性向阶段,主要通过性格心理测试(MBTI)、斯特朗兴趣量表(STRONG)等专门测试进行自我分析,通过传媒领域的职业介绍、座谈了解行业背景,通过前景与大学生活设计咨询了解大学专业学习;大二为目标设计阶段,主要通过探索传媒行业就业信息,检查自身专业能力和职业兴趣,实施职业计划;大三为职业设定及准备就业阶段,主要通过传媒行业人力资源负责人特别讲座、对外服务项目等方式分析传媒行业企业及职业需求,开发职业能力;大四为就业实战阶段,主要通过传媒企业高管特别讲座、职业兴趣模拟考试、产学合作项目实施、模拟面试等方式诊断应聘资料及面试能力,进行就业实战。

3.专业化社团活动

韩国传媒教育通过专业化的社团活动来培养传媒专业学生的职业兴趣,提高专业素养。韩国延世大学新闻影视学院建立了许多相关社团，培养学生相关领域的兴趣和知识，比如广告方面的广告传播社（YAC）、摄影方面的照片沟通社（PCC）、电影方面的吉纳紫檀社、音乐方面的摇滚沟通粉丝联盟（RCM）、新闻方面的"呼声"报纸等。韩国翰林大学广告宣传系，通过建立个性鲜明、社团特点突出的俱乐部，凸显大学青年的文化，比如娱乐演出方面的CODA、X-RAY、嘻哈PD、舞风、凤弦会等，摄影方面的翰光照片会，影像方面的影像框社，设计方面的雪白的图画纸社、漫画社等。

4. 多渠道就业指导方式

韩国传媒教育充分利用韩国大学就业指导体系，建立多渠道的就业指导方式，提高传媒专业大学生的就业成功率。韩国传媒专业多渠道就业指导方式包括运行就业计算机网络，利用计算机网络有效管理毕业生就业资料，快速提供传媒行业就业信息；传媒行业实习项目，通过海外长期实习计划、国内传媒企业长短期实习、劳动部青年工作体验项目，给传媒专业大学生提供毕业前体验社会工作领域的机会，培养传媒专业学生的专业实践能力；传媒行业就业支援项目，通过实施传媒企业人事负责人指导、模拟面试、传媒企业高管就业特别讲座、支援职业探索座谈会、传媒企业博览会等多元方式，加强学生就业能力，为学生制定就业战略提供帮助。

（二）政府引导传媒专业就业

韩国作为亚洲高等教育发达国家，大学生入学率居于前列水平，韩国政府一直把大学生就业率作为其社会稳定发展的重要指标，因此非常重视大学生就业指导，特别是针对韩国传媒专业的大学生，通过政策扶持、资金保障、专项计划等方式提高大学生的就业率。

1. 雇佣稳定中心

韩国政府为了加强与学校和企业之间的联系，增加大学生参与企业实习的机会，专门成立专设机构——雇佣稳定中心，并设立专项资金对大学生的实习予以交通、食宿以及薪资补助，一般政府给予实习学生每人每月30万韩元的补助。为了鼓励大学生进入中小企业工作，韩国政府也专门设立中小企业奖励资助，通过提高中小企业的薪酬吸引大学生就业。2006年韩国政府曾对510家中小企业提供120亿韩元的专项资助，帮助中小企业改善环境，引进人才。同时，为了增加效率，韩国政府要求大学建立就业支援中心，细分就业领域，收集各个就业领域的信息，营造就业环境，为大学生提供便捷有效的就业渠道，提高大学生成功就业的比例。因此韩国有传媒相关专业的大学就业支援中心，就有细分传媒行业就业信息的专区，比如延世大学新闻影视学院、翰林大学广告宣传学系等。

2. 国家大学生就业信息网络

韩国政府为提高大学生就业成功率，实施雇佣职员服务先进化计划，进一步完善大学生就业服务网络系统，将韩国政府设立的九个就业服务网络系统连接成一体，实现就业服务网络一体化，提高就业服务效率。同时设立就业服务信息分析系统，以行业为类别进行统计分析，实行互动反馈机制，实施精准化监控。如对传媒行业人才需求，韩国政府特别重视传媒行业相关的信息统计与分析，对《中央日报》、《东亚日报》、韩国广播公司（KBS）、首尔广播公司（SBS）等韩国著名传媒集团的人才需求进行跟踪调查分析，获取传媒行业的人才需求取向。同时对韩国首尔大学、庆熙大学、中央大学等传媒类相关专业的著名大学进行跟踪调查分析，获取韩国传媒类专业人才培养的取向，然后通过互动反馈机制，实现政府、企业和学校的信息联动，提高传媒类大学生就业的精准度。

3. 韩国青年海外就业专项计划

韩国青年海外就业专项计划（K-Move）是韩国政府整合外交部、产业通商资源部在内的多个政府部门共同运营的综合项目，旨在通过整合如文化产业、娱乐、设计、游戏、动画、信息技术等韩国优势产业项目，对通过选拔的韩国青年在职业教育、补助金、就业岗位、语言培训等方面的支持，促进韩国青年的海外就业与创业。该项目自2012年启动以来，韩国政府每年投入1500亿韩元的预算，在美国、日本、中国、巴西等世界各个国家和地区设立"K-Move"中心，帮助韩国青年人才进军当地人力资源市场，解决一部分韩国大学生的就业问题，而其中很大一部分在海外就业的大学生是韩国传媒专业相关的毕业生。

（三）重视传媒专业创业教育

韩国传媒专业重视创业教育是由韩国经济社会发展的外部因素和自身发展的内部因素双向互动而形成的，韩国"文化立国"的方针是动因，韩国经济危机的应对是外因，韩国传媒专业发展特点是内因。韩国传媒专业创业教育呈现政府主导、企业驱动、学校联动的特点。

1. 政府主导

韩国传媒专业重视创业教育是在韩国政府理念、政策扶持、资金保障、文化产业园区建设的主导下促成的。韩国政府通过"文化立国"方针理念的确立，文化产业政策的制定，文化产业振兴院专门机构的设立，文化产业专项创业基金的设置，人才培养与文化产业园建设融合的"产学研"一体化文化产业园建设项目的实施，鼓励传媒相关专业的大学生在文化产业领域创业，取得显著成绩。

2. 企业驱动

韩国传媒业存在政府与企业联手、产业集群的特点，韩国政府决定传媒业发展导向策略，韩国 SK、LG、CJ E&M、三星等主要企业在理念转型、资金支持、技术跟进以及品牌推广上予以积极响应。韩国传媒业在创业教育中通过大型传媒集团建立专业的创客空间，鼓励传媒专业相关大学生创业，比如韩国最大的娱乐媒体公司 CJ E&M 集团在数字媒体城（DMC）创立的文化创造融合中心创客空间就是典型的案例。

3. 学校联动

韩国高校相关传媒专业也充分重视大学生创业，通过与政府、企业的联动培养大学生的创新创业意识，鼓励大学生创新创业，为韩国文化产业的可持续发展提供高质量创新创业人才。韩国高校相关传媒专业建立大学生创业支援中心，对申请进入大学生创业支援中心的大学生实行"严进宽出"政策，由大学教授和行业专家组成的评审委员会，对大学生提供的创业计划书进行严格筛选和把关，对大学生拟创业方向进行创业项目的技术可行性评价，只有通过上述严格评审，才能进入大学生创业支援中心，并获得政府和高校给予的专项基金资助。

三、韩国传媒专业就业指导的启示

（一）重视专业化就业指导体系建设

大学生就业指导是当前大学生就业市场化之后的必然趋势。我国也高度重视大学生的就业指导，教育部、财政部、地方各级相关教育部门都制定专门的政策措施、专项计划、资金资助支持大学生就业，各个高校也都建立了比较完整的就业指导体系，通过机构设置、课程建设、社团活动、渠道建设等提升大学生的就业成功率。相比较韩国专业化的就业指导体系建设，我国的就业指导体系中针对相关专业的专门化就业指导体系建设相对不足。我国可以借鉴韩国传媒专业的就业指导体系建设经验，在传媒教育领域探索专业的就业指导体系建设，针对相关传媒专业的大学生构建专业化的就业指导体系，提高就业指导的针对性，提升传媒专业大学生就业成功率。

（二）政府引导就业要强调专业性

大学生就业问题是当今世界各个国家都特别重视的问题，每个国家都会根据本国的历史和现实，基于经济社会发展的现状实施不同层次的就业引导，以保持本国经济社会的稳定发展。韩国青年失业率与高等教育入学率的巨大反差使得韩国政府尤其重视大学生的就业引导，以保证韩国社会就业率与失业率处于相对稳定的状态。韩国政府在引导大学生就业的问题上体现了专业性的特征，如韩国政府与学校联动的雇佣稳定中心的建设，国家大学生就业信息网络的建设，尤其是韩国青年海外就业专项计划的实施，都值得借鉴学习。

（三）强化传媒专业创业意识培养

韩国传媒教育重视传媒专业学生的创业教育，通过政府主导、企业驱动、学校联动的方式推动传媒专业的大学生创业，使韩国成为创业成功率最高的国家。近年来，中国高等教育在政府大众创业、万众创新政策的大力推动下，通过政策扶持、专项基金、大学生创业大赛等方式促进大学生创业教育，取得了一定的效果。但是总体而言，我国传媒教育的创业教育力度不够，跟当前我国"互联网＋"发展战略，跨境电子商务、大数据等新兴产业的迅速崛起的要求，存在比较大的差距。因此，需要强化我国高校传媒专业创业意识的培养，以顺应国家大众创业、万众创新的发展战略。

第四章
技术路径（一）：技术范式中的应用型新闻传播人才培养

第一节 》》 M-learning 网络学习平台在网络传播人才培养的应用研究

M-learning 是 Mobile learning 的简称，在国内，通常被翻译成移动学习。它是指在终身学习的思想指导下，利用现代通信终端，如手机、平板电脑、具备无线上网功能的笔记本电脑等设备进行远程学习。这种教育模式真正打破了时空限制，实现了教与学在任何时间、任何地点发生的梦想。

一、《新闻学概论》 M-learning 网络学习平台的构建

《新闻学概论》是网络传播类课程中核心的一门课，为了方便学生在课堂之外更好地学习，笔者所在的学校专门为这门课建设了移动学习平台。

（一）系统拓扑结构

本系统的基本原理如图 4-1 所示。运行手机中的 J2ME 客户端程序，用户可以通过该程序输入交互信息，并经过 GPRS/CDMA 网络和网络运营商的网关服务器后转入 Internet，Internet 部分包含 Web 服务器、数据库服务器和邮件服务器等。服务器对信息分析处理后，将反馈信息沿反方向传回到手机中。

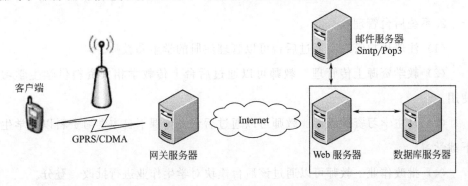

图 4-1 系统拓扑结构图

（二）系统功能结构模块（图 4-2）

1.移动智能终端

（1）用户注册　让学生及教师用户进行注册，便于学生上交作业、下载资料，教师批改作业、解答学生问题。

（2）教学资源下载　学生可以通过这个模块下载教师教学的课件及课堂上教学的一些资料。

（3）自主学习资源下载　学生可以通过该模块下载课后教师布置的课下自主学习的资料和试题来进行自主学习。

（4）作业提交　学生可以通过该模块把课下自主学习的作业进行提交。

（5）在线讨论、答疑　学生可以通过这个模块提出问题，然后通知教师进行相应的答疑。

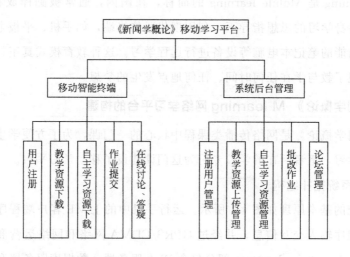

图 4-2　《新闻学概论》网络学习平台模块结构图

2.系统后台管理

（1）注册用户管理　通过后台可以管理注册的学生和教师。

（2）教学资源上传管理　教师可以通过后台上传教学相关资料供学生学习使用。

（3）自主学习资源管理　教师可以通过后台上传课下自主学习资料以供学生下载学习。

（4）批改作业　教师可以通过该后台模块对学生作业进行批改、登分。

（5）论坛管理　管理员可以对论坛上的帖子进行删除和修改。

二、《新闻学概论》M-learning 网络学习平台运行效果截图

（一）移动学习平台首页（图 4-3）

图 4-3 《新闻学概论》移动学习平台主界面

（二）学生制作的数字报纸（图 4-4）

图 4-4 学生制作的一期手机数字报界面

（三）学习平台上任课教师的教学视频（图 4-5）

图 4-5　学习平台上教师的教学视频截图

三、《新闻学概论》 M-learning 网络学习平台的使用效果调查

（一）使用率及满意度调查（表 4-1）

表 4-1　2010、2011 级学习平台使用情况及满意度调查表

学生年级	总人数	使用人数	满意人数
2010 级	110	50	20
2011 级	230	228	220

通过这个表我们可以看到，2010 级使用率仅达到 45％，满意度仅 18％；随着平台的建设完善 2011 级使用率达到了 99％，满意度达到了 96％。

（二）学习成绩提高情况调查（表 4-2）

表 4-2　2010、2011 级使用学习平台后对学习成绩的影响

学生年级	及格率	优秀率
2010 级	60％	30％
2011 级	90％	60％

从上表可以看出，随着平台建设的不断完善和使用者的增多，2011 级比 2010 级的学习成绩有显著的提高，及格率和优秀率都有很大的提高。

第二节 >> 学习技术范式引领下的 WebQuest 教学模式应用研究

信息与技术的高速发展，一方面带来信息的迅猛增长，为我们的学习提供了丰富的资源；另一方面也加快了知识的老化，终身学习将成为人们工作、生活的必需。WebQuest 教学模式以建构主义学习理论为基础，注重对学习者探究精神、团队协作意识、信息使用与问题处理能力的培养。学习技术范式，是近年来国内外教育技术研究领域的新兴范式，其要求研究者要基于学习者，关注学习者的发展，追求学习者学习品质的提升，因此，我们将其引入 WebQuest 教学模式，提出了学习技术范式引领下的 WebQuest 教学模式（a WebQuest teaching model under the Guidance of Learning Technology Paradigm，简称为 GLTP-WebQuest），以提升学习的深度和效率，培养学习者终身学习能力。

一、WebQuest 教学模式简介

WebQuest 教学模式起源于美国，由圣地亚哥州立大学教育技术系伯尼·道格（Bernie Dodge）和汤姆·马奇（Tom March）创立。经过近年的发展，目前已渗透到全球多个国家的小学、中学、大学等教学过程，并涌现许多 WebQuest 课程网站。我国在 21 世纪初由蒋鸣和教授将其引入，并成为教学模式改革研究的热门课题。

"Web"是"网络"的意思，"Quest"是"寻求""调查"的意思，"WebQuest"可以理解为基于网络的专题调查探究活动，与时下的探究式学习、基于网络资源的主题学习有异曲同工之处。表 4-3 是 WebQuest 与传统教学模式的比较，从表中可以发现，WebQuest 教学模式可以让学习者在教师精心策划的教学活动中，通过利用网络多媒体资源，综合运用多学科知识，积极开展自主、探究式学习，主动构建知识，充分体现了"综合、协作、互动、探究"等现代教学理念。

表 4-3　WebQuest 教学模式与传统教学模式的比较

模式要素	WebQuest 教学模式	传统教学模式
创设情境	多媒体情境,任务真实有趣	板书、课件、挂图等
学习环境	网络环境,资源丰富,多媒体工具	资源种类少,不够形象生动
理论基础	建构主义学习理论	行为主义学习理论
教学过程设计	以学习资源利用为核心	以课程开发为中心
学习内容	交叉学科专题为主	单一学科知识

续表

模式要素	WebQuest教学模式	传统教学模式
教学策略	协作式、探究式、发现式学习	知识灌输式讲授
学习评价	自评、互评等多种方式	书面测试为主
教师的作用	指导、帮助学习者进行学习	知识传授
学习者能动性	自主、协作学习	被动式学习

二、GLTP-WebQuest的内涵

教育是为了促进学习者的发展，归根结底是为了促进人的发展。作为践行教育宗旨主要途径的教学同样也不能脱离对教育主体——学习者的关注。GLTP-WebQuest以WebQuest教学模式为基础，在实施WebQuest教学时强调"以人为本"，特别是以学习者的发展为本，其隐含了以下三层涵义。

（一）学习技术的相互关系

在这里，学习包含学习者与学习内容两个方面。学习技术范式将技术、学习内容与学习者相统合，强调三者之间的契合，即学习者是怎样理解学习内容的？学习者是怎样使用技术的？技术又是如何帮助学习者理解学习内容的？学习内容通过何种技术展现才更容易被学习者理解？我们只有对这些问题有了充分的认识之后，才能从更贴近学习者的角度进行教学设计，才能更好地让技术帮助学习者理解学习内容。

（二）对学习者的多维关注

M. Linn认为，教学的起点是知道学习者已经知道了什么。当教学工作者将教学起点定位于学习者原有基础的时候，教学往往最有效。因此，强调以人为本的GLTP-WebQuest教学模式舍弃了简单的"知识填灌"方式，而是通过采用一定的技术手段，从多种角度、多个层面收集学习者的信息，并对这些信息进行深入挖掘与分析，全面了解与掌握学习者的知识基础、学习风格、思维模式与思维习惯，为后续的教学环节提供指导，这是GLTP-WebQuest的典型特征，也是区别于普通WebQuest的重要特征之一。

（三）带给学习者品质的提升

教学的根本是为了培育人，即促进学习者健康成长与全面发展，使学习者的品行与智慧渐趋完善。基于建构主义学习理论和人本主义心理学的GLTP-WebQuest教学模式，借助技术创建学习情景，并将学习内容融入学习情境，为学习者搭建虚拟环境，让学习者在与环境持续、动态交互过程中，充分激发潜

能、综合运用才智，达成对学习内容的理解，创造性思维的开发，合作意识与责任意识的加强，使学习者自身的行为与能力不断提高和升华。

三、GLTP-WebQuest 的实践应用

"数字音视频编辑"是浙江越秀外国语学院面向传播学、编辑出版学专业高年级学生开设的专业必修课，目标是要求学习者掌握数字音视频基本原理、编辑方法和技巧，熟悉音、视频作品创作流程，并能打破传统课程相对封闭的状态，加强课程间的联系，创新性地完成作品设计与制作，培养学习者主动探究、团结协作、勇于创新的精神，具有综合性、创新性、自主性、协作性等特点，契合 GLTP-WebQuest 教学模式的特点，因此，我们在"数字音视频编辑"课程中尝试实施 GLTP-WebQuest 教学模式，为该课程的教学带来新途径和新思路。

（一）掌握学情概况

从多角度、多层面了解和掌握学习者的基本学情状况，为有的放矢的教学做好铺垫，这是 GLTP-WebQuest 的主要特点之一。在实际实施课程教学活动之前，我们先对学习者的情况进行多方位的收集与分析：一是通过教学计划等材料了解学习者对专业课程知识的掌握情况；二是通过网络跟踪、数据分析等技术手段，研究学习者的学习习惯、兴趣倾向、专业知识基础等；三是通过对以往教学的追踪，发现与总结学习者的思维模式、思维习惯和认知能力。

（二）建立资源库

丰富的资源是教学活动的前提，也是培养学习者专业实践能力不可或缺的物质保障。GLTP-WebQuest 是基于网络的学习实践活动，所提供的资源以网络或网页形式为主。从前期调查我们了解到，学习者对资源的需求主要集中在操作实例、作品赏析、课堂内容等几个模块。通过进一步挖掘分析，我们发现不同的学习者对资源的需求倾向也表现出不同：喜欢自由创作与分享的学习者，倾向于观赏与分析优秀作品示例；喜欢课外主动学习与锻炼的学习者，更倾向于对操作实例的需求；乐于观看演示过程的学习者，更希望获得课堂内容。因此，在资源库的内容选取上，我们兼顾学习者的需求，囊括以上模块，同时增添其他种类，如素材、WebQuest 教学用例、相关论坛、网络资源链接等。

（三）设计教学活动

GLTP-WebQuest 基于 WebQuest 提出，其基本环节仍继承 WebQuest 教学模式，大致可以分为情境、任务、资源、过程、评价、总结六个模块，模块间相互联系，形成完整的教学体系。下面以"数字音视频编辑"课程中的重要主题

"抠像"为例来说明。

1. 创设情境

情境部分主要用来介绍与学习主题有关的背景信息，以激发学习者的学习兴趣，引导学习者积极投入到学习状态中。这里我们采用视频片段，向学习者分别展示使用抠像技术后和使用抠像技术前的画面，采用动画技术为学习者揭秘影视拍摄和剪辑的常见技巧，这种鲜明的前后对比和形象直观的表现方式，能有效激起学习者的好奇与兴趣。

2. 明确任务

任务主要是对学习者要完成的项目进行描述，有目的地指引学习者进行学习活动。任务的设计既要基于学习者现有的知识与经验，又要能激发学习者进一步探究的动机，促进其高阶思维的开发。根据前期的了解我们将任务设定为：深入分析抠像知识体系，编辑抠像技术电子书。

3. 提供资源

资源是学习者掌握知识的载体，丰富的资源是完成学习任务的重要条件。所提供的资源应是与主题密切相关的，方便学习者紧紧围绕主题而开展研究。网络可以提供有效的资源链接和资源概要，以便学习者将注意力集中于资源的使用，而不是资源的查找。有关于"抠像"主题我们向学习者提供的资源包括视频素材、网络论坛链接、图书馆书籍、电子期刊和杂志、相关教学视频等，内容丰富、形式多样。

4. 过程引导

过程部分是指向学习者提供完成任务所要经历的步骤，引领学习者像研究者那样对问题进行思考和探究。对于"抠像"这一主题我们的思路是：先让学习者熟悉抠像基础知识，再进行抠像的具体实践，能发现问题并尝试解决；然后查阅相关资料，展开深层研读，归类抠像方法，提炼总结各种方法的原理、适用场景；最后进行成果展示和经验分享交流。在整个过程中，教师要做好指导、协调、答疑、支持等工作，引导学习者去发现问题、深入分析问题和解决问题，帮助学习者收获知识的同时，掌握学习方法、提升综合能力。

5. 评价交流

评价是 GLTP-WebQuest 教学模式的重要环节和组成部分，是对学习者学习行为和学习成果的认定与测评。在任务开始之初我们便向学习者公布评价标准，其由知识内容、抠像作品、电子书三个模块组成。评价过程分小组内自评、小组间互评和教师评价三个环节，均以评价标准为依据，要求做到客观、公正、合理。评价形式采用现场演示、提问和解答。这种由学习者共同参与的多元评价，能有效促进学习者之间的相互交流、探讨和分享，以及提高学习者的辨识能力和评判能力。

6. 总结反思

总结是对整个学习探究活动的回顾、概括和经验总结。在经历了有关于"抠像"主题的实践，资源的梳理、归纳，以及电子书的制作，学习者对抠像技术会有较深层次的理解和体会，对自身在知识、能力、方法、态度、情感等方面也会有进一步的认识。因此，在完成项目任务后，我们让学习者针对不同的素材特征，对应选用的抠像方法做出决策与总结，并以简练的语言表述自身在整个活动中的收获与不足。这一方面能让学习者反思探究过程，有利于将学习活动引向深入；另一方面也让我们能细致跟踪学习者，对学习者的知识、能力现状有较清晰的认识，为下一次 GLTP-WebQuest 教学活动做好初步准备。

四、 GLTP-WebQuest 教学体会

通过在"数字音视频编辑"课程的实践，我们发现 GLTP-WebQuest 在提高学习者音视频编辑能力、特效处理能力、综合编辑能力，以及团队协作意识、创新意识和学习主动性方面均有不错的表现。同时，在实际教学过程中也需要注意以下几个问题。

1. 适宜性

教学辅助技术的选用要以技术的特性，以及具体学习环境要求为依据。通过技术的使用和辅助，应更有利于学习者用自己的头脑亲自习得知识，解决实际问题，使学习者对知识的理解更加丰富和全面，而不应是为了追求时尚或纯粹是为了使用技术而选用。

2. 动态性

学习是一个动态成长的过程，学习者群体特性也会不断发展与变化，因此，在具体实施教学过程中，要通过多种途径做好对学习者不同阶段的跟踪与关注，适时调整教学策略，使教学活动始终能围绕学习者当前状态展开，以便达到教学效果的最优化。

3. 高阶性

GLTP-WebQuest 教学模式的意义在于调动学习者的高阶思维。学习者通过对信息资源的深层次加工与整合，将外在的知识内化，形成经验和智慧，从而使已有知识在创造、提炼、再创造的过程中不断地丰富和完善，学习者自身的潜

能、综合能力、创造性思维不断地开发和锻炼。因此，在实际教学中要避免让学习者回归到对资料简单的复制、罗列等只有低阶思维参与的活动，使 GLTP-WebQuest 丧失原来应有的活力。

4. 引导性

在 GLTP-WebQuest 教学模式中，教师要扮演好多重角色，包括良好学习氛围的创建、探究方法的引导、资源信息的有效支持、学习思维的激发、行为方向的指引，等等，以促成学习者在知识、能力、品行等方面的综合提升。

GLTP-WebQuest 立足于学习者的特点与学习者的发展开展 WebQuest 教学活动，注重技术、学习内容和学习者之间的融合。通过技术的渗透，让我们能更深层、更多维地了解与分析学习者，掌握学习者的特征，并依此搭建教学环境、优化教学内容与教学活动设计，让学习者在契合自身特征的环境中，深化对知识内容的构建，学习方法的掌控，探究精神的培育，从而达成学习能力的提升和学习品质的改善。

第三节 》》 基于云计算移动微学习平台的设计研究

自 2001 年 12 月我国教育部高教司提出了关于"移动教育"的理论与实践的研究通知以来，移动学习在国内得到了广泛关注和研究。尤其近几年来，移动学习已成为学习技术领域较大的研究热点之一。

当前高校主要的教学形式是以课堂教学为主，以自主学习为补充的教学方式。在自主学习模式大概分为三大类：一是传统式课外作业和查阅图书等方式；二是利用电脑和互联网进行在线学习；三是利用移动终端和移动互联网进行移动学习。

移动学习作为学生课外的一种先进的课外自主学习模式，是课堂教学延伸的一种有效手段，能很好地辅助师生进行课外学习。目前移动学习方式较为热门的有：通过下载存到移动终端进行移动学习、微信学习和 APP 移动学习等，就目前国内外研究进展来看，尽管通过多种方式实现了移动学习的功能，但存在以下缺点：①自主学习平台比较单一；②教学模式比较单一；③受移动终端性能的影响，移动学习的功能较简单；④师生互动局限较多；⑤个性化需求较难实现；⑥对提高教学效果不明显。因此，基于移动学习的自主学习模式的研究仍然有较大的增长空间。

鉴于此，本书提出基于云计算移动微学习平台的设计研究，具体就是"1 动 2 微 3 平台"的移动微学习平台设计研究，其中"1 动 2 微 3 平台"具体包括：1

动是指一个移动智能终端（主要指智能手机）；2 微是指开发微资源，实现微学习；3 平台是指通过基于互联网访问的 Web 学习平台、利用移动智能终端通过移动互联网访问的移动 APP 学习平台和通过微信公众平台进行学习的微信学习平台。本章首先介绍平台主要功能模块，阐述平台整体设计和 3 平台的架构，最后讲述关键技术的实现方法和相关的讨论。

一、平台主要功能模块设计

教学模式的选择应适合学生的特点和符合学生的心态，学生一般分为三类：第一类为主动学习者，需要为这类学生提供大量的学习资源，可根据自身情况自助选择具有个性化的资源进行学习；第二类为被动学习者，针对此类学习者，采取嵌入微信公众平台的方式将学习资源向学生进行推送，起到对学生的督促学习的作用；第三类为介于第一、第二类之间的学生，需要"自助"与"推送"相结合的教学模式，从而使他们回归到主动上来。

本章主要是结合浙江越秀外国语学院网络传播学院的实际情况和学生的特点，对学院现阶段的教学模式和教学资源作为研究对象，针对本校在自主学习模式存在的诸多问题做些新的改进和完善，利用移动学习模式，开发微教学资源，将微信公众平台嵌入到学习平台中，实现多种方式相结合的微学习教学模式。平台功能主要包括以下几项。

（一）微学习资源库模块

微学习资源库模块主要指授课教师可上传自己所授课程的相关微教学资源，对资源库中的资源进行管理。学生可从资源库中有选择性地建立自助学习资源库，以便针对性学习。因受移动终端特点的限制，在制作微资源方面，需根据知识点的大小，进行分隔成尽量小的微资源，每个微资源尽量控制在 10 分钟之内。

（二）学习任务模块

学习任务模块主要是教师可向自己授课的学生发布课外学习任务。该模块可以包括发布供学生"自助"式自主学习的任务，也可以利用微信公众平台发布"推送"式自主学习任务。学生针对任课教师所发布课外自主学习任务可选择利用移动终端或电脑进行学习。

（三）答疑和反馈模块

答疑和反馈模块主要提供教师对授课学生进行答疑，同时可以查看学生对教学情况和教学效果的反馈，从而能尽快地进行调整或处理。教学双方可直接利用微信平台进行沟通，可建立一对一或一对多的实时互动，实现互动教学，从而提高教学水平。

（四）学习分享园地模块

学习分享园地模块主要是向师生提供学习分享的功能。这些分享的内容主要包括知识总结、学习心得及学术前沿等简短精悍的微内容。但教师需对学生上传的内容进行审核通过后方能供他人分享。

（五）知识抢答模块

知识抢答模块利用微信平台向学生推送与课程知识相关的抢答题，将抢答题同步到学习平台中，同时记录和统计抢答得分。通过抢答，提高学生的学习兴趣和学习的主动性。

（六）自主学习评价方法

结合学院的实际情况，本书提出的自主学习评价主要分为两种。一种是由通过各期知识抢答得分（满分为 10 分）加入课程的终结考试成绩；另一种是对学习任务中所发布的学习内容进行学习积分奖励的方式，并将最终的积分以一定的规则进行折算出自主学习的成绩，将该成绩作为课程的平时成绩。

二、平台总体设计

根据本书提出的研究内容和平台功能模块的要求，结合平台的特点，下面从平台的总体架构、3 个子平台架构设计和平台安全体系设计等方面阐述平台总体设计。

（一）平台总体架构

从总体上讲，为了尽量达到数据和表现分离，使得应用与服务能够无缝的集成，并能使之运行于多种平台之下，解决不同平台、组件模型之间的集成问题，因此本书采用分层模式进行设计，其平台总体架构设计方案如图 4-6 所示。

1. 用户访问层

针对不同的用户（包括学生、教师、管理员）提供不同的访问方式，用户均可以通过 Web 方式和 APP 方式登录平台，各类用户通过认证后根据不同的需求进行访问访问平台的各功能模块；另外，学生还可以通过登录微信公众平台进行学习、抢答知识等，与教师进行互动。

2. 服务接口和引擎

为实现移动学习平台能正常的运行，基于平台总体架构和业务流程，显然还需要服务接口、各类引擎等方面的支持，主要包括以下服务。

（1）服务接口 主要针对平台间的子系统服务封装，方便上层调用，提供了

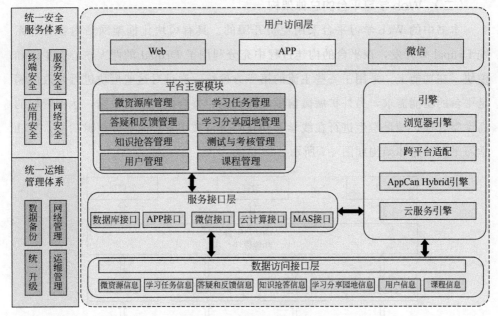

图 4-6 平台总体架构

丰富的平台接口库,主要包括数据库调用接口、APP 接口、微信接口、云服务接口、MAS 接口等。

(2) 引擎 各大智能手机操作系统（如 iOS、Android）和系统中浏览器引擎,利用以 Javascript API 接口的形式来封装与操作系统底层的交互通信,达到基于 HTML5 开发移动应用的目的,实现核心引擎的跨平台能力。此外,还可利用云服务引擎实现将微教学资源等托管在云服务中。

3. 平台数据层

平台数据层也可以称为数据库层,其主要数据包括微资源信息、学习任务信息、知识抢答信息、学习分享园地信息、用户信息、课程信息等。平台通过数据库连接池,对数据库连接重用机制进行了针对性优化,并封装了一系列的接口,对数据库的连接缓存在调度机制上进行了优化,在保持通用性的同时提升了性能。

4. 平台的安全策略

平台采用分层架构来构建完整的安全体系,通过证书、权限、应用校验等机制构造移动应用接入控制体系,在服务接口设计上整体考虑了安全问题,各服务和 API 接口均有完整可靠的接入认证鉴权,可有效支撑平台的安全可靠运行,主要包括服务安全、终端安全、应用安全等安全体系。

（二）Web 学习平台的总体架构

本书中的 Web 学习平台采用免费开源的、具有模块化框架网站内容管理系统 Drupal 来开发，在平台的构建过程中充分利用了 Drupal 的两大核心：主题和模块。在功能上，采用了一些主流的第三方模块，通过对这些模块进行修改以满足平台的功能需求，另外扩展微信模块的功能，整合微信中的数据，达到资料的高度整合性，满足学生进行在线学习和教师进行教学管理的业务逻辑功能。Web 学习平台的总体架构如图 4-7 所示。

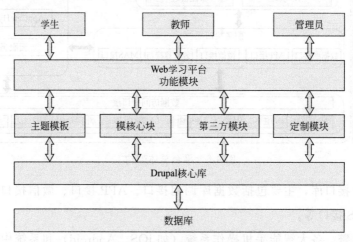

图 4-7 Web 学习平台的总体架构

（三）移动端学习平台的总体架构

本书提出的移动端学习平台是基于 AppCan 开发平台，采用 HTML5＋CSS3＋JavaScript 技术可以快速地开发混合式移动 APP 学习平台，主要由五个部分构成：AppCan 开发引擎、UEX UI 框架、UEX 平台硬件接口、AppCan 集成开发环境和 AppCan 应用服务平台。通过 AppCan 云服务平台生成 Andriod、iOS 等跨平台衔接的 APP 应用，并建立一个同服务器专门的通讯通道，可以适应多种通讯方式和扩展微信公众平台接入的功能，实现移动学习的相关业务功能。移动端学习平台的总体架构如图 4-8 所示。

移动端学习平台主要集成学生版和教师版模块，教师或学生通过移动端学习平台向服务器请求或获取的数据需以 JSON 格式数据进行传递，利用 MAS 服务选择 ODBC 接口或 AJAX 接口访问数据库或 Web 平台，然后将数据在移动 APP 上展现并进行交互，从而实现移动学习。

（四）微信公众学习平台的总体架构

本书中"推送"式学习、知识抢答和师生互动等功能主要是利用方式微信平

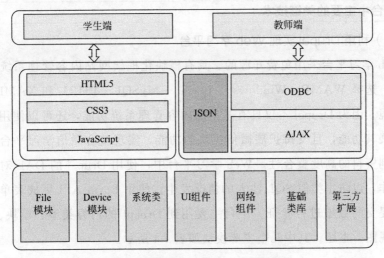

图 4-8　移动端学习平台的总体架构

台实现移动学习。学生或教师利用移动终端的微信作为入口，进行收发学习任务或消息，将这些请求发送到微信服务器，并通过微信公众平台 API 对请求进行分析转换，根据结果调用相应的业务处理模块；该模块根据请求的内容通过数据层访问数据库，并将处理结果返回到业务处理程序，最后再通过微信公众平台 API 和微信服务器将包含处理结果的 JSON 或 XML 格式的数据包发送到学生或教师的微信端。微信端学习平台的总体架构如图 4-9 所示。

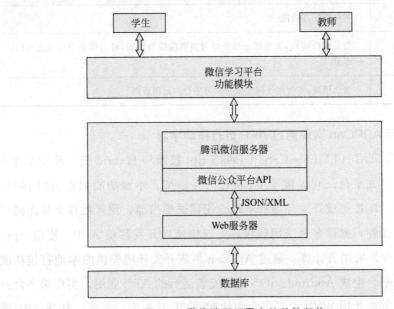

图 4-9　微信端学习平台的总体架构

三、平台中主要的关键技术

（一）利用 Drupal 实现 Web 学习平台

Web 学习平台采用免费开源的、具有模块化框架网站内容管理系统 Drupal 来开发，选择 WAMP（Windows＋Apache＋MySQL＋PHP）和 XAMPP 作为开发环境。因为 Drupal 不仅具有基本的内容管理系统功能，还可以使用第三方模块扩展其功能，且支持扩展微信模块的功能，实现整合微信学习平台中的数据，达到资料的高度整合性。Web 学习平台中，使用 Drupal 的 DAL 对数据库进行操作，以防止类似 SQL 注入的情况发生；使用 Form API 生成表单可实现对表单提交的数据进行验证。平台主要用到 Druapl 的内容类型、模块、菜单、区块、视图、主题。其中几个主要模块如表 4-4 所示。

表 4-4 Web 学习平台几个主要模块

模块名称	Web 学习平台中的用途
CCK	内容构建工具，为内容类型增加字段等功能
FCKEditor	文本编辑器（注：Drupal 中提供了 FCKEditor 接口，需到 FCKEditor 的官网下载源代码放置在 FCKEditor 模块目录中）
FileField	FileField 为每个节点提供上传多个文件的功能
Video	实现视频功能
Flowplayer	实现播放器功能
User Points	会员积分模块，主要用于学生学习微资源后的奖励，可为作为今后课程考核的一部分
Wechat	微信模块，主要用于同步微信学习平台的远程数据

（二）采用 APPCan 实现通过 APP 进行移动学习

AppCan 是采用 HTML5＋CSS3＋JavaScript 技术和 Hybrid 技术开发混合式移动应用的一站式平台，它提供了 UI 快速开发框架、本地功能调用 API 接口、应用打包系统、IDE 集成开发环境和本地应用调试模拟器，预置数百套界面模板和数十种应用插件，提供多套应用模板，可以快速地开发移动 APP。使用 AppCan 移动云平台，采用云计算。通过 AppCan 集成开发环境提供的本地打包功能或线上云服务平台生成 Andriod、iOS 平台安装运行的 APP 应用，实现跨平台开发。在数据库方面共用 WEB 学习平台中的 MySQL 数据库，另外，移动 APP 学习平台用到的几个关键技术如表 4-5 所示。

表 4-5　移动端学习平台几个主要模块

关键技术	移动端学习平台中的用途
弹性盒子＋栅格系统	在 UI 框架和布局方面，采用弹性盒子＋栅格系统的方法结合 UI 组件进行布局
微信扩展	利用 uexWeixin 插件接入，实现微信登录、微信分享微学习资源等功能
MAS 服务	利用 MAS 服务创建不同类型的接口，整合 Web 学习平台的业务数据，以企业总线的形式，将不同平台、不同类型的业务数据进行整合等处理。以 JSON 的方式进行接口调用，调用 AJAX 接口抽取网站数据或调用 ODBC 接口抽取数据库数据
应用引擎	通过引擎在各平台上的适配来达到 HTML5 应用的跨平台执行。核心引擎主要由 WidgetOne 应用管理器、Widget 插件、Native 插件
网络通信	主要利用 uexDownloaderMgr、uexUploaderMgr 和 uexXmlHttpMgr 等插件实现文件的上传、下载和跨域异步请求等功能
JS SDK	主要利用 Base 类库、File 模块、Window 模块和 Frame 模块等

（三）使用微信实现通过微信公众账号进行移动学习

微信学习平台使用和 WAMP 来搭建开发环境，采用 PHP 语言和 MySQL 数据库，且数据库和 Web 学习平台共用同一个。利用百度云平台 BAE 进行开发、编译、发布和调试，并用 SVN 工具进行管理。在微信学习平台中，主要采用 XML 来封装消息，对于自定义菜单中的菜单项使用 JSON 格式来封装菜单数据，平台中知识抢答、推送学习任务和师生互动等功能模块，所需要的关键技术如下。

1. 消息的接收

当学生向微信学习平台发送消息时，微信服务器将收到的消息＋用户信息打包成 XML 格式的数据包，再通过 POST 方法提交到在 BAE 中申请的域名 URL 上，最后对 XML 数据包进行解析来获取发送来的消息。这些发送来的消息类型包括文本、图片等，分别用不同的方法进行处理，比如用 GetTextMsg 来获取并处理文本消息。在知识抢答模块，学生所发送的抢答答案暂时只支持文本，且为客观题。XML 数据包参数如下 ToUserName、FromUserName、CreateTime、MesType 和 Content。

2. 回复消息

对于每一个 POST 请求，在响应包中返回特定的 XML 格式的报文，如果回复是图片等多媒体消息时需预先上传到微信服务器。微信服务器在 5 秒内对失败的会重发请求，最多重试三次，所以需要对消息进行排重处理。回复消息的 XML 结构与接收消息相似。

3. 用户分组及群发

学生和教师需按课程进行分组，同一课程为一组。可通过微信提供的接口编写代码进行分组。在调用接口时分组可利用 JSON 格式的数据包。在用户分组的前提下，可对分组进行群发功能，使用 POST 方式发送请求，请求地址为：https：//api.weixin.qq.com/cgi-bin/message/sendall? access_token＝ACCESS_TOKEN，另外，对不同的消息类型需要不同的消息格式进行封装和处理。

4. 自定义菜单

目前微信公众开发平台的自定义菜单只能设置三个一级菜单，其中每个一级菜单只能设置不超过五个二级菜单。自定义菜单接口可定义两种不同类型的按钮，即 click 和 view。在自定义菜单方面，本文中的微信学习平台对于建立 click 类型的菜单有"课程微资源""学生任务"；当学生点击按钮后，可收到课程微资源列表和学习任务列表。可利用 view 类型的菜单对知识抢答等规则通过微信客户端调用浏览器打开网页显示。

本书提出的基于云计算"1动2微3平台"的移动学习平台设计现已在实现阶段，且有部分功能已在本校某学院的几个专业的自主学习中投入应用。从应用情况来看，使学生能充分利用课余的"零碎"时间进行学习，提高学生的学习积极性和自主性，尤其是在知识抢答方面学生的积极性很高，有效提高了相关课程的教学效果。

第五章

技术路径（二）：社交平台中的应用型新闻传播人才培养

第一节 >>> 基于微博、QQ 群的网络学习社群实证研究

新媒体和"微传播"时代的到来，使得新闻传播学专业面临着传媒技术、媒介素养和学科知识等多方面的改革与创新，同时，当前学生具有了更强的个性，他们思维活跃，对新事物的接受能力较高，传统的课堂教学模式已经不能满足他们对知识的获取。大学生对新闻传播学知识的学习面临新的挑战。

一、研究背景

尼葛洛庞蒂认为，在 21 世纪，由网络用户所构成的社区将成为日常生活的主流。社群媒介，即允许用户通过网络与其他用户相互交流和共享数据的工具。网络社群主要指以微博、SNS、论坛、博客、QQ 为代表的社群媒介聚集成群的虚拟社区或虚拟社群。他们为现代人提供了交友、娱乐的空间，同时也是分享信息和学习的平台。

在国外，越来越多的大学将社群媒介运用于远程教育和网络教学中，并调查了网络学习社群的特征和模式。英国开放大学（Open University UK）于 2008 年对英国诸多高校发起研究，调查社会性媒体（社群媒介）在英国高等教育和继续教育中的使用情况。该调查认为学生可以利用社会性媒体（社群媒介）进行合作性和相互学习，收集学习资料，并为将来的实际工作环境所需技能做准备。

在我国，一项调查发现："在学习影响方面，学生表示，社会性媒体更加方便他们学习，而他们所谓的学习是指获取信息更加便捷、视野开阔、知识面拓宽了。可见这里的学习是指一种比较广义宽泛的、没有针对性的学习，社会性网络在促进学生学习方面的价值还没有发挥出来，对于学习的指导和促进作用还有待深入挖掘。"在我国新闻传播领域，不少学者提出要改革和发展现行的新闻传播学课程设置和教学方式，提出加强新闻传播类课程的实践教学训练，将理论教学与多媒体技术、信息技术相结合。

二、问题提出

本书是基于社群媒介构建的网络学习社群教学改革实践，旨在探讨网络学习社群在新闻传播类课程教学中的必要性和可行性，以及其在大学生学习过程中的使用情况。笔者在"新闻学概论"的授课中融入网络学习社群的教学模式，学生利用现代网络技术进行课外自主学习和合作学习。

三、研究过程、实施策略和方法

（一）网络学习社群小组建设

选择项目实验班级，共有学生32人，分为5个网络学习社群小组（以下分别以小组1、小组2、小组3、小组4、小组5命名），每组6～7人；每位组员需在课外注册微博和QQ，并与本小组成员共同组成微博群或QQ群，构建网络学习社群。每个成员都需关注教师的微博。教师加入小组的微博群或QQ群，指定社群负责人监督和管理微博群或QQ群，并及时与教师沟通。教师布置的课前预习和课外讨论题都在微博群或QQ群里告知学生。学生的讨论和小组讨论报告经过整理都上传到群空间。委任5名社群管理员。小组成员在学习基础、年龄、性别、学习风格等方面具有差异性，但是各小组之间人数、性别、文化背景大体均衡，便于小组间的比较和竞争。委任班级负责人，收集班级学习情况，撰写反馈情况报告。

（二）明确学生学习任务

小组中每个成员要明确学习目标和任务。根据"新闻学概论"教学大纲和教学目标，教师制定以下网络学习社群实践任务。

1. 自主学习任务

建立微博虚拟教学社群，学生使用微博关注教师发布的学习任务，可以@教师的微博进行评论。在课堂，组织学生对课前布置进行讨论。每位小组成员针对某些自主学习知识点，完成课外资料的收集，每位组员完成一份学习总结，由组长收集整理本组的学习总结并上交。

2. 合作学习任务

建立QQ学习社群，由教师定期发布研究主题，学生在QQ群里进行讨论。要求小组成员要对组内其他成员发表的言论进行评论。最终形成小组的讨论稿上交。小组讨论稿可以发表在QQ空间或微博。

（三）研究方法

研究者根据各小组讨论次数、时长、活跃人数等指标，对社群负责人反馈的数据进行量化统计，从参与度和活跃程度等方面考察小组参与情况；在全班发放问卷，调查小组目标达成情况，撰写调查报告。

对网络学习社群实施的效果测定不仅有量化、有形的指标，还要评估无形的成果。研究者采用了参与式观察和深度访谈的调查方式，考察社群成员的学习体验。研究者深入社群小组，对社群成员进行近距离、长时间的参与式观察，并在5个社群中选择10位成员开展深度访谈。

四、研究结果

（一）微博和QQ使用情况

有96.7%的学生认为可以运用现代网络技术（网络学习社群模式）辅助理论课程的学习。微博内容形式丰富，以文字、视频、声音、图片等多种形式直观展现，研究者希望借助微博的虚拟教学环境提高学生阅读新闻、理解新闻的兴趣，增强教学效果，改善学习环境。调查发现，项目实施前，只有15.6%的同学经常使用微博关注新闻，现在已提高到53.1%；93.8%的同学认为微博有助于他们对新闻的关注；62.5%的同学认为微博有助于拓宽知识面。微博操作简单方便，信息发布环境开放，传播速度快。目前本班有18.8%的同学经常使用微博发布新闻、开展新闻实践，但这一比例仍旧过低。

微博用户之间可以相互添加关注，微博用户可以在关注者和被关注者之间实现信息的交互，并可以用一对多的方式交流，这为教师实现虚拟教学创造了条件。一方面，教师发布微博后，学生被动接收这些信息，可以随时掌握教师的动态；另一方面，教师也可以选择关注学生，实现教学监督。调查发现，经常关注并@教师微博的学生只占少数，多数学生都是被动接收教师的微博信息。

QQ在学生中广为流行，QQ可以进行一对一、一对多、多对一的交流，是进行小范围的合作沟通和学习的平台，教师加入也可以辅助进行教学管理。本研究调查显示，学生中有90.6%认为QQ群的网络学习社群模式适合进行专题的讨论，53.1%认为每次1小时的讨论时间适当，31.3%认为时间过短，可以适当延长。有56.3%认为社群形式能帮助自我学习，87.5%认为社群是交流思想和观点的平台。

（二）社群成员参与度与活跃度

网络学习社群共进行了8次主题讨论。通过制定相关指标，对各社群合作学习情况进行了监督，包括案例讨论次数，讨论时间长度，小组活跃人数和不活跃人数统计，提交报告时间等。

从反馈的情况来看，每组社群的参与和活跃程度均衡，基本都能按照规定时间（教师规定每次至少1小时）开展讨论，并能及时提交小组讨论报告。每组在每个专题的讨论中，半数以上的同学表现还是积极活跃的，但每组每次都有1~2名同学表现不活跃。在主题讨论中，"互联网与新媒体"是同学最感兴趣的主题，参与程度高，活跃人数最多。

根据研究者的参与观察发现，社群管理者的责任感和有效监督能对社群成员的参与起到十分重要的作用。如果社群管理者能够按时并有序组织讨论，并时常监督成员参与，那么这个社群成员的参与度和活跃度就会较高。另外，教师布置的讨论主题是否能引起学生共鸣，也是影响社群成员活跃度的重要因素。

在访谈中，几乎所有被访谈者都提到：互联网媒体与大学生的生活联系最密切，也是大家最热衷讨论的主题。学生对与自己关系较密切的主题较为感兴趣，讨论的参与度和活跃度也较高。而理论性较强的主题则相反，且有接近一半的同学认为此形式对理论的学习帮助不大，在每一次的讨论中都有一小部分的不活跃者。

（三）社群目标达成情况

根据各小组的反馈，进行问卷调查，从小组成员"对网络学习社群的感兴趣程度""网络学习社群能否提高自主学习能力""网络学习社群能否提高沟通交流能力""网络学习社群能否增进团队合作""网络学习社群对你的其他提高方面""网络学习社群有助理论知识学习"等方面做了测量（如表5-1所示）。

表 5-1　社群目标达成情况统计表

不同方面	小组1	小组2	小组3	小组4	小组5	全班
感兴趣程度	75%	64%	73%	75%	81%	73.6%
提高自主学习能力	67%	50%	50%	57%	71%	59%
提高沟通能力	67%	67%	67%	57%	71%	65.8%
增进团队合作	67%	67%	67%	57%	71%	65.8%
有助理论知识学习	50%	33%	33%	57%	71%	48.8%
其他帮助	33%	33%	17%	29%	29%	28.2%
没有提高	17%	25%	17%	17%	17%	18.6%

小组5的成员对小组目标的达成持肯定态度的较多。从全班情况来看，认为网络学习社群形式能激发学习兴趣的同学占73.6%，持肯定态度的人数更多；认为能提高沟通和增进团队合作的，均占65.8%；认为网络学习社群形式有助理论知识学习的人数最少，全班只有不到一半。另外，全班也有还有一些同学列

举了网络学习社群学习形式的其他帮助。例如可以增长课外知识,可以让大家感觉轻松学习的氛围,等等。18.6%的同学认为此次实施的网络学习社群形式对自己没有任何帮助。

（四）社群成员的学习体验

在对社群成员学习体验的参与式观察和访谈中发现,学生普遍习惯从各类网站来获取新闻信息,使用手机刷微博,虽然信息更新快且便捷,但受到时间、流量和网络等因素的影响,学生使用比例并不高。学生为完成老师布置的任务才被动使用微博,也不愿意进行参与和创造。研究者还发现,学生普遍接受QQ群进行主题讨论的形式,认为现实中大家很少有机会一起讨论学习内容,虚拟的空间为大家提供了一个互动交流的平台,但执行过程中遇到的最大问题是,群组里缺少专业知识丰富且解决问题能力强的引导者,学生在讨论中发现的问题缺少相应的回应和解决,讨论的结果往往是大家各自发表见解,各小组并没有形成较为完善的讨论报告,小组协作的特点没有体现。这一点从各小组反馈的报告也可以看出。

在就"谈谈你对网络学习社群这种辅助学习形式的体验?"访谈时,被调查者提及最多的词语有"分享知识""创新""情感满足""人际交流"等。

如果学习者独自在网络上学习,往往会因为无人分享而学习效率不高,甚至厌学。网络学习社群没有地域和时空的差异,能够提供分享知识的平台。正如L同学所说:"有时候在课堂上产生的疑问,不好意思当面问老师和同学,在QQ群里讨论时我就会说出来,还可以看看其他同学的讨论。"X同学:"我在微博上关注了很多新闻传播领域的专家,他们的微博就是最优秀的知识分享平台。对我的专业学习有很大帮助。"

利用社群媒介辅助学习,是大学生较为认可的方式。将这一学习过程纳入课程考核,并实施监控,大部分学生认为是有创新性的,且对于新闻传播专业的学生来说很有必要。Q同学:"我们从被动接受知识变为主动参与学习,大家都在积极思考,也提高了创新能力。"Z同学:"微博现在已成为很多新闻媒体和记者发布信息的平台,我们从现在就开始熟悉和使用它辅助学习,我认为很有创新性。"

大学生使用社会性网络主要集中于娱乐、交友和沟通方面。大部分被调查者对网络学习社群的体验也集中在互动和沟通方面。学生普遍认为网络学习社群形式主要能为大家提供一个交流讨论的平台,在沟通过程中,增进了相互的了解。但仍有很多学生对这种学习方式的效果持否定或不确定态度。W同学:"大家在QQ群里各抒己见,有时专业谈得较少,交流的其他内容较多,但小组的凝聚力增强了。"Q同学:"网络学习社群对我的专业学习帮助并不大,主要感觉缺乏专业的引导,有的时候大家聊着聊着就会跑题,聊其他内容了。"

五、结论

通过本次调查我们发现,网络学习社群是多数大学生认可的、能辅助学习的平台,但网络学习社群实践模式和效果测量有待进一步完善。

在社群目标达成上我们发现,网络学习社群形式能起到激发学习兴趣、增进团队合作、提高沟通和学习能力等作用,对新闻传播学专业知识的学习能起到一定帮助。建议在网络学习社群实施实践中要着重考虑如何激发学生兴趣和引导学生参与,建立和完善对社群的监控制度,实现有效管理。

基于微博的虚拟教学平台可以辅助学生的专业学习,丰富知识、拓宽眼界;但教师如何控制微博虚拟教学,如何量化考核学生的微博使用效果,例如微博更新频率,微博内容质量等,还有待进一步的研究。

QQ群是小组合作学习、成员思想交流和知识共享的平台,学生的参与度较高,活跃度一般。基于QQ的虚拟学习社群在社群划分和责任约束机制上还需进一步完善;群组交流讨论需有效的专业引导,建议建立考核激励机制,督促和引导学生学习。

第二节 微博在新闻评论教学中的应用

新闻评论被誉为媒体的"旗帜"和"灵魂"。但与此地位不相匹配的是,新闻评论课程教学在高等教育中表现出的教学质量较低。笔者尝试着将微博引入教学实践,以期对新闻评论课程教学质量的提高有所裨益。本书所谓"微博教学",特指高校新闻评论课老师运用微博参与新闻评论课程教学的一种教学形式。

一、微博互动激发学生兴趣

据调查,当代高校学生对新闻评论教学的满意度,相对其他新闻专业主干课程明显偏低。造成这种状况的原因至少有以下几方面。

(一)高校生师比不合理

一些高校生师比大大超过教育部规定的18:1的比率。26所独立学院的生师比超过30:1。

(二)高校老师缺乏经验,内容相对落后

许多新闻评论课任课老师缺乏新闻评论写作实践经验,他们的新闻评论教学从教学内容来看基本属于隔靴搔痒。

（三）教学方法陈旧

一些老师的教学方法比较陈旧，实际上仍然停留在对学生"满堂灌"的阶段。

综上所述，新闻评论课程教学教育质量偏低的原因较为复杂。笔者以为，新闻评论恰恰是任课教师个人能"大有可为"却被众多研究者所忽视的领域。本书拟研究微博在新闻评论课程教学中的应用路径。"微博教学法"的第一要义是激发大学生学习新闻评论课的兴趣。

兴趣是最好的老师。兴趣是学生学习中最活跃的因素，它能产生很高的学习积极性以及某种肯定的、积极的情感体验，对学习也会产生一种巨大的推动力。具体而言，运用"微博教学法"时可以采用如下路径提振学生的兴趣。

1.邀请学生管理微博以激发兴趣

在新闻评论课中开设教学微博后，广泛发动学生参与新闻评论课教学微博的设计：给教学微博起名、挑选一个好看的头像、确定关注哪些感兴趣的微博。经过近一个月的讨论，一同学提议的微博名"胆儿肥了说"和另一学生挑选的头像"小猫"获得大多数同学的认可。教学微博"胆儿肥了说"开通后，老师邀请学生参与微博的日常管理。这些活动起到了发动学生、调动学生的作用，激发起他们对新闻评论课的兴趣。

2.日常微博内容充分考虑大学生兴趣的倾向性

微博开通后，应充分考虑具体教学班学生兴趣的倾向性，有针对性地打理微博。除了利用微博发布与新闻评论课程有关的作业外，日常内容均关切学生兴趣，使之发展成一个对学生有吸引力的平台。观察所任课教学班的学生后，初步梳理出他们的兴趣倾向性：影视明星、音乐体育、美食服饰网购话题、励志名言、留学话题、英语考级等。笔者邀请几名学生当"微博小编"，这些学生从网上搜集了许多关切学生兴趣的信息（如"励志名言""冷笑话"）发布在微博上。此外，逢中秋节、青年节，老师会通过教学微博问候学生。这些日常微博内容均与课程内容无关，其目的就是吸引学生关注、"留住客人"。这些微博大多获得了学生的注意，当天阅读次数均在 200 次以上，有的微博还引来了学生的跟帖评论。

3.及时互动强化大学生学习兴趣的稳定性

由于陌生化效应，"微博教学法"在实施之初一般会激起学生的兴趣，随后也会激起部分学生对本课程的学习兴趣。但年轻人的兴趣往往不稳定，容易受到其他事物的干扰或其他人的影响而转移。老师与学生通过微博的互动可以强化大学生学习兴趣的稳定性。

具体方法包括：与学生互粉、主动浏览学生个人微博并跟帖、给学生的微博作业"点赞"、回复"笑脸"、回复鼓励的评语或中肯的分析、对学生回复进行及时答复、通过私信为学生的生活问题支着儿解惑。这些都会让学生产生积极的情绪体验，如"受到重视""有收获"等。

二、微博作业的设计与实施

如果说学生兴趣是微博教学的前提和基础，那么微博作业的设计与实施就是微博教学的重点。

首先，老师应设计一套科学且有弹性的"记分规则"，例如规定"按时完成微博作业且有一定见解者记平时作业分的10%"，一学期的微博作业次数为10次。在实施过程中，为激励学生，可适当灵活"记分"，时不时给学生一点惊喜。例如，开学之初，为鼓励学生参与，可降低难度，给所有完成微博作业的学生记分。当学生的热情被调动起来后，可对微博作业质量较高者记分。其次，配合教学节奏，科学设计一系列微博作业内容。笔者在教学实践中设计的新闻评论课微博作业分为以下三类。

（一）摘抄精彩语句的基础作业

关于写作的技巧，鲁迅曾说过："文章应该怎样做，我说不出来，因为自己作的文章是由于多看和练习，此外并无心得和方法的。"

即便在网络时代，鲁迅的写作经验也并未过时——写作之道，无非是多看多练习。这里的"看"应该包括看世界（观察生活）和看书。笔者在教学实践中深感学生平时的阅读量太少，于是经常给学生布置"摘抄精彩语句"的微博作业。

以下是布置的一条微博作业：本期向同学们推荐的是学者熊培云。熊培云曾当过记者、评论员，写得一手好文章。记得当年他有一句话让我心头一震：摆平被摆平的世界。请你摘录熊培云的精彩语句，不论是新闻评论还是杂文、散文里面的文字均可，一两句也行，跟帖微博之后。

为完成作业，学生必须去阅读熊培云的多篇文章并摘抄其中的精彩话语。这类作业可以起到促使学生"多阅读"的作用。同时，必要的抄写也丰富了学生的语言，强化了学生的相关记忆。

（二）配合课堂教学节奏的"专题作业"

根据上课进度，老师可以布置相应的专题"微评论"专题作业。本书一般根据上课内容适时布置适当的"专题作业"——要求学生在微博后跟帖评论，必须在15字以上。

浙江越秀外国语学院新闻评论课采用的教材是《新闻评论教程》。例如，在上《新闻评论的结构与节奏》课程时，讲解了新闻评论的两种常见开头方法：A.直接亮明观点；B.摆事实，简述评论对象。

当天，笔者布置了两条微博作业，要求学生任选一条微博，在当晚7点前完成跟帖评论，其中的一个作业是这样的：微博作业：请就此事写一篇新闻评论，谁来写一个"直接亮明观点"的开头呢——"村支书妻子名下竟有500多亩耕地，开着豪车每年领取4万余元的国家粮食直补款"。而该村支书说，只是暂时将粮食直补款打到妻子名下。岐山县纪委负责人称，该村支书行为违规……

由于上课时老师已详细讲解过"直接亮明观点开头法"，多数学生能合格地完成作业。

（三）适量的长微博作业

学生在老师微博后以十几个字完成的"微评论"虽然也能算作广义的新闻评论，但与狭义的新闻评论还有一定距离。

为了进一步锻炼学生的写作能力，老师可以适量布置一些长微博作业，长微博最主要的作用是突破微博140字限制。具体做法为：一般由老师点题或学生自己确定选题，在学生个人微博上利用长微博工具写新闻评论，同时通过"@胆儿肥了说"提醒老师查看。

笔者查看学生的长微博作业后发现了学生写作新闻评论的一些问题。例如，很多学生在写作实践中分不清新闻评论标题与新闻报道的标题，笔者于是有针对性地"补课"，取得较好效果。

三、微博教学应防范的偏差

在教学实践中，新闻评论课老师在实施"微博教学法"时应注意防范以下偏差。

（一）轻视微博的情感交流作用，将"教学微博"做成纯粹的"电子作业本"

华南师范大学焦建利教授认为，教学与微博最大的结合点在于个人微博中的情感交流，在于将微博作为学生情感管理的辅助工具。笔者认为教学微博只有成为师生情感交流的平台才可能发挥作用。从教学实践来看，当学生感觉"教学微博"无趣、师生之间没有情感交流可言时，"微博作业"对他们而言无异于书面作业，微博教学也就丧失了它的新意。

（二）颠倒了"课堂讲解"与"微博教学"的主次关系

微博教学有诸多长处，但也有许多短板。例如，某些学生的手机在微博上跟帖不方便，某些课程章节的内容特点不适合微博教学。

新闻评论课的微博教学法应该是教师课堂讲解的补充和辅助，而不应该是主要的教学模式。师生在课堂上面对面地交流讨论是微博教学无法替代的。

例如，在讲解"新闻评论教程"课程"广播电视新闻评论"相关内容时，笔者就暂时弃用了微博，而是采用了传统的课堂讲解。在讲解过程中，笔者利用教学电脑播放了杭州人民广播电台的新闻评论节目《新闻观察》。为了让学生感受新闻评论的广播播报特点，老师还和学生在课堂上开展"同题口头播报"活动。学生在课堂上获得了真切的广播评论听觉感受，这种教学效果是微博教学所无法实现的。

（三）以"微博"代替必要的教学管理

微博的便捷性是一把双刃剑。一些自律性较差的学生会利用微博敷衍老师。例如，笔者在教学微博中尝试过通过"@"功能点名，即要求来上课的学生在微博上"@胆儿肥了说"。但个别旷课的学生在微博上"@胆儿肥了说"，以造成自己来上课的假象。再如，一些学生在做微博作业中会很方便地复制抄袭他人网上评论。诸如此类的问题都提醒老师："微博教学"并不能代替必要的教学管理。

综上所述，"微博教学法"的应用路径是：以"激发兴趣、交流情感"和"配合课堂教学节奏"的"适当适量微博作业"介入新闻评论课教学活动。"微博教学法"以辅助和补充角色参与新闻评论课程教学活动，可以取得积极效果。

第三节 >>> 基于移动终端的"互联网+教学"改革探索

随着"互联网＋"时代的来临，信息化浪潮已经推进到了社会的各个领域。如何推动信息技术与教育教学的深度融合，探索"互联网＋教学"的新模式，成为当前高校教学改革的迫切要求。一方面，"一支粉笔＋一本书＋PPT投影"的传统课堂教学模式已经远远无法满足高校大学生的学习需求；另一方面，基于自主学习网络资源的网络学习模式亦无法取代传统的课堂教学。因此，将互联网信息技术与传统课堂教学相结合，是"互联网＋教学"改革的目标所在。

同时，随着智能手机、平板电脑等移动终端的普及，如何将其运用到教学活动中来，也成了"互联网＋教学"改革的重点和难点。在教学改革实践中，笔者将蓝墨云班课软件与传统课堂教学相结合，使手机成为学生学习的工具，实现了移动环境下的教与学，取得了较为良好的教学效果。同时相较于其他教学平台，蓝墨云班课软件具有教师学生永久免费，操作简单，支持手机、平板电脑、笔记本电脑等多个移动终端的优势，符合本课题研究的需要。因此，本书将以蓝墨云班课软件＋"媒介伦理与法规"课程为例，进一步探索基于移动终端的"互联网＋教学"改革。

一、教改现状分析

"媒介伦理与法规"是新闻专业的必修课之一，侧重于培养学生对新闻法规和新闻职业道德的知识积累。由于在教学中涉及大量的法律法规、新闻概念，教学内容枯燥抽象，教学进度推进困难。其实这一现象并非个案，以传统课堂教学模式为主的任课教师大都面临这样的困惑——尽管精心备课、改进教法、认真批改作业，教学效果依然不甚理想。

如何将课前、课中、课后三个教学环节融会贯通，是笔者在教学改革中首先面对的问题。在课前，教师通常会向学生布置预习作业。但对预习什么，怎样预习，预习达到什么标准，教师并未做出明确要求。对于缺乏自主学习习惯的学生来说，课前预习形同虚设。在课中，教师急于在有限的学时内将知识传授给学生，从而忽视了师生之间的教学反馈和情感交流。同时，学生也逐渐养成了一种"填鸭式"的被动学习习惯，对学习目标不明晰，遇到疑惑不积极提出，学习内容没有完全消化，学习效果自然也就难以保证。在课后，除了布置作业等形式外，教师对学生知识点掌握程度的考查往往依赖于期末统一考试，而对教学过程中的学生学习行为缺乏多元化、跟踪式评价，这对学生学习能力和学习积极性的培养都是极为不利的。

另一个问题则是当前高校网络教学的推进日渐滞缓。这些年来，各高校大力建设和完善网络教学平台，使教与学从课堂延伸至互联网，从而丰富和拓展了教学资源与教学模式。但网络教学平台亦存在登陆烦琐、学习空间受限等弊端，无法实现移动式的随时随地学习。在教学中，笔者也曾尝试将微信、QQ等软件引入到教学过程中来。这些社交软件虽在师生及时沟通、交流反馈等方面效果良好，但因其并非专业化的学习工具，无法有效运用于教学活动中。

基于以上两方面原因，笔者尝试在"互联网＋教学"改革中将课前、课中、课后三个教学环节打通，并将手机等移动终端引入到教学活动中来。

二、教改具体内容

（一）教学前学情分析

在开展基于移动终端的"互联网＋教学"改革之前，教师首先对授课班级的学生情况进行了调研分析。

（1）通过问卷调查、查看学生专业课成绩等方式，了解学生的学习能力和知识储备,分析在授课过程中有可能遇到哪些困难和障碍。

(2)对课程知识点难度系数了然于心,对教学重难点及学生疑点做好预设,从而为教学设计和实施环节的展开做好充分的前期准备。

(3)开展学生对学校"互联网+教学"的接受度研究,学生对以往开展的"互联网+教学"有哪些认知,满意度如何,又有哪些新的学习诉求,对将手机等移动终端引入课堂教学有何期待等。

(二)教学设计和实施

基于蓝墨云班课软件,教师将教学过程设计和实施细分为以下三个环节。

1. 课前自主预习

"媒介伦理与法规"课程涉及新闻学、法学、伦理学等多个学科领域,如未能提前预习相关知识点,仅仅依靠课堂上有限的教学时间完成学习的话,确实收效甚微。在课前,教师将预习任务、预习要求、视频、案例、预习测试题等资源上传至蓝墨云班课软件,并发布通知。学生在手机上收到通知提醒后,根据教师的预习要求进行课前自主学习。同时教师在预习任务中设置经验值,学生完成预习后便可获得经验值。在答疑讨论区,学生可以及早反馈预习当中遇到的难点、疑点,教师便能够有针对性地调整课堂教学安排,有效利用课堂时间,提升课堂教学效果。

2. 课中学习内化

首先是课堂教学中的签到功能,传统课堂管理采用花名册点名的方式,既浪费时间,又消耗学生的学习热情。蓝墨云班课软件采用一键签到,可以在短短几十秒内完成学生签到,十分简单、便捷。在教学过程中,教师除了重难点、学生预习疑点的讲解之外,采用了投票/问卷、头脑风暴、答疑/讨论、小组任务等多样化的教学形式,以学生为中心,调动学生自主学习的积极性。在课堂教学回顾和总结时,教师可使用蓝墨云班课软件中的测试功能,对学生进行课堂小测试。测试结果即时统计、准确反馈,大大缩短了考试阅卷时间。教师可以立即了解学生对本节课知识点的掌握情况,实现教学效果的实时跟踪。学生也可以明晰自己是否已达到本节课学习目标,增强学习的积极性和成就感。

3. 课后拓展延伸

"媒介伦理与法规"是一门与社会现实联系紧密的课程,需要学生在掌握相关法律法规的基础上,结合伦理道德进行思考和讨论。特别是当遇到法制与伦理相冲突的新闻事件时,站在何种立场、如何报道,是新闻传播专业的学生值得认真探讨的问题。但课堂时间是极其有限的,若在课堂上开展现场讨论活动,反而会因讨论不够深入，失去活动组织的效果。教师在蓝墨云班课软件发布了课后讨论作业，学生以小组为单位进行讨论，并将讨论过程及结果以书面或视频的方式提交至班课平台。同时教师在答疑区对讨论中的分歧进行解答和引导，对学生讨论进行有效反馈。借此形式，学生不仅能有效巩固课堂所学，也能将理论知识点运用于社会实际问题的解决，从而实现课堂教学的拓展延伸。

（三）教学评价和考核

以往传统的教学评价和考核往往采用平时、期中、期末成绩总评的方式，教师主观性强。尤其是大班教学时，平时成绩和课堂表现更是浮于形式，难以反映学生的真实学习情况。在蓝墨云班课软件中，教师可以实现评价考核的数据化、过程化、多样化。

1. 数据化

教师可以使用蓝墨云班课软件中的"经验值"功能，任何一项教学活动的开展都有经验值，学生完成学习任务可获得经验值。完成度和积极性越高，经验值也随之越高。教师可在后台随时查看每一位学生的学习数据，实现学生考评的量化、公正、客观。

2. 过程化

从课前预习、课中学习、课后作业等活动，教师可以在蓝墨云班课软件上实现对学生学习的过程记录，有助于教师及时调整教学进度，观察学生的学习行为和学习态度。

3. 多样化

教学效果的评价与考核不再局限于笔试考试，图片、音频、视频、文档等各种多媒体方式都可以运用到学生考核中来。另外，通过蓝墨云班课软件内的问卷调查、学生个别谈话等方式，教师亦可对自己的教学理念和教学方式做出反思，以期达到最佳教学效果。

三、教改目标

在基于移动终端的"互联网＋教学"改革探索中，教师达到了以下几点改革目标。

（一）自主学习+终身学习

教师运用蓝墨云班课软件将课前、课中、课后三个教学环节打通，大大增加了学生自主学习在教学活动中的比重。学生不再局限于课堂听讲，可以自主选择学习资源、安排学习时间，对理论知识达到融会贯通，并能用来解决实际问题，深入思考，提出对策。在学有余力的情况下，教师还推荐学生使用中国大学MOOC（慕课）软件、好大学在线软件等，进行进一步的自主学习。良好自主学习习惯的形成，可以伴随人的一生。"学无止境"，让学生关注自己的进步和发展，由自主学习进阶到终身学习，才是教育的首要目标之所在，也是社会发展和个人发展的必然需求。

（二）分层教学

加德纳的"多元智能理论"认为每个人的智力结构组成是不同的，因而不同个体之间存在智力的差异性和多样化，但这并不意味着他们的智力有高下之分。尊重学生的个体差异，实施分层教学，亦是"互联网＋教学"改革的目标之一。在自主学习过程中，学生可以根据自己的学习能力和学习时间来安排学习活动，并利用蓝墨云班课软件中的课程资源反复学习，直至完全掌握。同时，教师可在蓝墨云班课软件上接收学生的各类多媒体作业，如图文、视频、音频、动画，等等。这使得教学评价和考核突破了笔试这一唯一形式，实现了考核的多样化。

（三）"知识+情感"的高校师生模式

在高等教育中，大学生群体已具备自主学习能力和独立行为能力。教师应改变以往"授课者"的身份，成为学生学习的"引路人"。让学生成为教学活动的中心，教师从旁引导，实现师生之间的知识共享。再则，科技不能代替爱。"互联网＋教学"≠"互联网教学"，师生之间的情感交流对学生情感、态度、价值观的培养具有极其重要的作用，是任何科学技术都无法取代的。改变以往高校教师上课即讲、下课即走，"师生相见不相识"的窘况，构建"知识＋情感"的高校师生模式，也是本教改所要实现的目标之一。

四、教改后期推广

以新闻学专业学生为研究对象，以"蓝墨云班课软件＋《媒介法制与伦理》"课程为试点，探索基于移动终端的"互联网＋教学"模式，在教改初期通过问卷调查的方式，获得了学习者对传统教学模式及"互联网＋教学"模式的认知、满意度、学习诉求等，在此基础上优化了本次教改。教改接近尾声时，又通过调查问卷的形式了解教改实践的效果。同时通过深度访谈新闻学专业的教师与学生，从"教"与"学"两个角度探索了将移动终端运用于"互联网＋教学"模式的实践与评价。最后教师对教学方式方法进行研究，通过教研活动、公开课等形式将取得的成果进行相应推广。

五、教改中存在的问题及对策

（一）"手机+课堂"的教学环境

以往传统课堂上视手机为禁用物品。一些高校甚至专门在教室墙上放置了手机收纳袋，避免学生上课使用手机，分散学习精力。笔者在与各科教师的沟通中发现，许多教师对手机进课堂持排斥态度。因此，如何营造"手机＋课堂"的教学环境，对学生因势利导，让学生在课堂上光明正大"玩手机"，将手机转变为学习工具、师生的好帮手，是本教改中面临的问题之一。如若教师能够在课堂上积极引导、加强管理，"手机＋课堂"的教学方式反而会对学生自我监控力和自主学习能力的培养大有裨益。

（二）"手机+课堂"的教学节奏

在以往将"手机＋课堂"相结合的尝试中，笔者曾遇到过如何把控教学节奏的难题。一些教学活动时间未能充分利用，或者超时。学生常因对蓝墨云班课软件中某项功能不熟悉而互相问询，有的同学趁乱聊天、玩手机，等等。如何有效把控教学节奏，创造活泼有序的课堂氛围，亦是一个需要重视的问题。

（三）"互联网+教学"设施及成员

"互联网＋教学"基础设施不足，需要的智能化教室不够；教学改革成员不足，很多老师不愿意采用新的教学方式方法。笔者通过与教科办协调，完善智能化教室的使用制度，合理安排授课时间，尽量解决了智能化教室不够的问题。同时通过购买无线同屏器等设备，以较小成本投入将普通教室改造成智能化教室。采用外出培训与内部教研交流活动的方式，使教师们接受"互联网＋教学"理念，从而将移动终端引入到教学实践中来。

第六章
协同路径（一）：协同育人视野下的应用型新闻传播人才培养

第一节 >>> 应用型新闻传播人才协同育人机制的探索与实践

教育部在《关于加快建设高水平本科教育全面提高人才培养能力的意见（教高〔2018〕2号）》中提出要"构建全方位全过程深融合的协同育人新机制。完善协同育人机制，建立与社会用人部门合作更加紧密的人才培养机制。加强实践育人平台建设，综合运用校内外资源，建设满足实践教学需要的实验实习实训平台。"协同育人机制强调高校、政府和企业等多个主体间在培养专门人才方面的全方位、多层次的协作与融合。它是在联合制定人才培养目标的标准下，统筹教师队伍，依托优质教育资源和校地合作、校企合作、校校合作等不同平台，实现培养真正适应经济社会发展需要的高素质人才的新机制。在新媒体业态环境下，培养新闻传播专业人才，提高人才培养的质量，更好地服务地方经济发展，也是高校新闻传播教育改革面临的一个新问题。本书以浙江越秀外国语学院应用型新闻传播专业人才培养为例，分析探讨高校、企业、地方政府以及国际间的协同育人运行机制。

一、新闻传播专业人才培养机制存在的问题

当今时代，受互联网技术的驱动，新媒体业态发生了较大的变化，传统的新闻传播人才培养在改革理念、合作模式、课程设置等方面存在一些问题。

（一）缺乏新闻传播类教育改革的新理念

能力本位教育是培养应用型人才的重要方式。通过校外实践教育基地的建设，可以提高学生的专业实践能力、创新能力等。目前，随着互联网技术驱动造就的新媒体业态的出现，高校新闻传播教育既有新闻传播的基础理论，同时又是非常强调技能的应用性人文学科。因此高校新闻传播教育改革的理念应该是既要关注技术趋势的影响及发展，实现新闻传播教育与技术趋势的互动，又要培养与新媒体业态适应的人才，实现与新媒体业态的互动，同时还要关注行业诉求，实现与人才培养层次互动的"三互动"新理念。

（二）合作模式单一

目前，大部分校外实践教育基地主要集中在企业，而且是在校企项目合作或企业有需求的情况下发挥作用。同时，在校外实践基地的合作与建设方面，多数高等学校一般采取签署协议、简单挂牌的办法，形式较为单一。同时，合作的模式比较单一，往往是高校和企业合作比较多，作为地方高校，还应考虑和当地政府、传媒行业、其他高校，甚至是国（境）外大学开展项目交流与合作，以此促进高校、企业和地方政府的协同创新和发展，提升全社会的创新创造能力。

（三）实践教学体系有待完善

在能力本位教育理念下，诸多高校积极开展与企业等机构的合作，但是合作的过程中，相对于高校单独办学而言，实践教学体系，包括实践课程、师资结构等方面不尽完善。同时缺乏严格的教学制度，学生的实践内容具有较强的随意性，教师的实践教学、实践课程管理、实践评价等方面都存在着很多不完善的地方。智媒时代新闻传播类人才专业实践能力的培养，要求探索适应社会需求的不同层次的实践教学体系，建构不同类型的大学生专业实践项目。

二、新闻传播专业"四个协同"育人机制概述

德国著名物理学家、斯图加特大学哈肯教授在其创立的协同理论中认为，千差万别的系统间存在相互影响而又相互合作的关系。为了协同一致地完成某一目标，系统内不同要素和主体间通过建立协同机制，最终实现资源共享、优势互补，最终带来 $1+1>2$ 的协同效应，形成协同发展。在新媒体时代，随着互联网技术应用对新闻传播教育的影响，应用型人才培养目标的实现，同样也需要在系统内部建立良好的协同机制，即协同育人机制。这个协同育人机制是通过系统内不同要素之间的分工与合作，实现全方位全过程深融合的育人目标。

浙江越秀外国语学院通过构建学校、地方、企业、其他高校等不同要素之间在培养目标、教师队伍双向交流、资源共建共享、平台共享等不同方面的协同育人机制，实现培养既符合技术驱动需求，又符合专业需求的应用型新闻传播类人才，如图6-1所示。通过四个不同方面的协同机制的运行，实现了人才培养从重理论向重实践转变、从教师中心向学生中心转变和从国内向国际的转变。

近几年，浙江越秀外国语学院坚持"素质为本、实践为用、面向主流、培养人才"的教育理念，通过对四个协同育人探索与实践，在学院的社会影响力、教师教学和学生科研能力、实践能力等方面都取得了比较明显的成绩。首先，教学改革和课程建设成果丰硕。近三年，教师分别获得省级部校共建项目、"十三五"

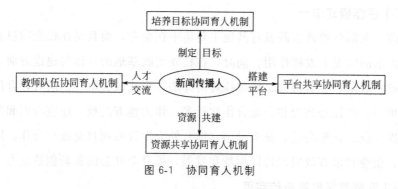

图 6-1 协同育人机制

省级产学合作协同育人项目、"十三五"高校虚拟仿真实验教学项目和多项浙江省高等教育教改和课改项目,出版专著教材多部,课程建设也上升到一个新台阶:《网络舆情管理》和《新闻采访与写作》分别立项为浙江省级一流课程和浙江省线上线下混合式一流课程,《网店美工》立项为浙江省级精品在线开放课程。其次,学生在科研能力上也有了质的提升。近五年,学生获得多项国家级、省市级科研创新创业项目,三十余项省级新苗计划项目立项,公开发表论文六十余篇,结集公开出版学生论文集一部。再次,通过四个协同机制的运行,实现了人才培养从重理论向重实践转变,学生的实践综合能力日益提升,学科竞赛成果迭出。在国家级、省级学科竞赛中多次获奖,其中在全国大学生广告艺术大赛、新媒体创意大赛、浙江省多媒体竞赛中多次荣获好成绩。学院通过校地协同、校企协同等多元协同,为学生打造更多更高的就业创业平台。大学生充分利用浙江省网络文化实训基地、浙江省社科普及基地、校外实践教育基地等平台,积极向社会提供服务、共享成果。经过多年的逐渐积累,浙江越秀外国语学院新闻传播专业的人才培养受到政府重视,也产生了显著的社会影响力,传播学专业被立项为浙江省新兴特色建设专业,并连续四年进入全国同类专业二十强;编辑出版学专业连续五年进入全国同类专业二十强,2019 年成为省级一流本科专业。区域内高校和区域内外媒体机构的同行和行内业界专家到浙江越秀外国语学院参观交流日益增多,浙江越秀外国语学院协同育人培养模式在本区域新闻传播教育中发挥了一定的示范作用。

三、新闻传播专业协同育人机制的实践探索

由不同专业、地方、企业、其他高校等不同要素构成的协同育人机制改变了以往合作模式单一的状态,通过不同要素之间的协同,形成了教育的合力,在人才培养方面发挥着独特的优势。浙江越秀外国语学院新闻传播专业在人才培养的实践和探索中,将这些要素有机融合在人才培养标准的制定、人才的双向交流、

资源的共建共享、实践平台的搭建等不同方面，完善协同育人机制。

（一）制定培养标准，健全协同育人机制培养目标

1. 构建学科交叉的专业协同课程体系

新媒体时代的新闻传播教育需要突破学科专业边界，将相关的学科基础知识和基本理论进行跨学科融合，形成不同学科的交叉，进而实现适应新媒体技术需求的应用型人才的培养。浙江越秀外国语学院依据技术驱动的新媒体业态，针对互联网产业应用性人才培养的需求，通过构建文学、艺术学、工学等学科的交叉融合，架构新闻传播专业、数字媒体艺术专业、数字媒体技术专业的一体两翼的课程体系。学院通过三大学科在内容生产、信息传播、技术支撑上的交叉融合，构建专业协同生态环，培养既具

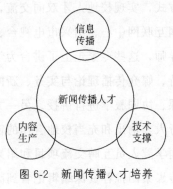

图6-2 新闻传播人才培养专业架构

有基础理论、基本技能又具备基本媒介素养的复合型应用型新闻传播类人才（如图6-2所示）。

2. 建立共同参与的多元协同实践教学体系

能力本位视阈下的新闻传播学专业人才培养的定位应充分考虑社会的实际需要，培养既具有新闻传播专业知识，同时又具有专业技能和实践能力强的高素质应用型人才。浙江越秀外国语学院在制定新闻传播专业人才培养方案的过程中，结合行业发展前景和企业需求，积极探索和构建由学校、地方、企业和其他高校等多方共同参与的协同培养体系。在培养模式上，建立以学校教学为主导，地方、企业和其他高校深度参与的多元协同培养新模式；在人才培养目标上，突显应用型人才培养的特点，强调实践和应用；在实践课程设置上，构建以"教学实验课程为基础，专业实践为重点，专业实习为延伸，毕业设计和创新创业课为抓手"的多层次的实践教学体系（如图6-3所示）。

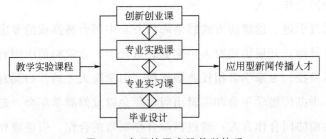

图6-3 多元协同实践教学体系

（二）人才双向交流，健全教师队伍协同育人机制

1. 校地协同合作育人

浙江越秀外国语学院新闻传播专业利用在地方的优势，在政府项目对接等方面做了大量卓有成效的工作。一方面，学校将地方人才通过引进、外聘、返聘等方式，实现校地人才双向交流，健全教师队伍的协同育人机制。例如，学院将中国互联网中心、绍兴市电视台、绍兴市广电中心等业界知名专家柔性聘任为人才导师，这些专家走上了讲台为学生讲授实践教学课程。目前，学院的节目播音主持、媒介传播理论与实务、新闻采访与写作就由业界专家和学校专任教师一起备课、协同教学进行讲授。另一方面，学校还通过安排教师到地方挂职的方式，进行人才输出和充当校地合作的窗口和桥梁。例如，近三年，学院通过部校共建新闻学院人员互聘交流项目和绍兴市传媒集团互派专家学者进行挂职任教；绍兴市传媒集团推荐资深编辑记者到高校兼职或挂职任教，学院安排骨干教师到地方媒体挂职交流，参与一线采编工作，目前选派三位新闻传播学专业副教授教师和一位负责教学管理的教师到绍兴市宣传部、绍兴市网信办等单位部门挂职锻炼，并逐步形成长效机制。

2. 校企协同合作育人

学校通过导师制的方式聘请企业家或从业经验比较丰富的行家走上讲台授课或者举办讲座等形式参与到协同育人的教学活动中。例如，学院通过导师进课堂的方式，邀请具有丰富的与本专业或本课程相关的实务经验的企业中高级技术和管理人才到课堂为学生授课；学院定期邀请新闻等行业的企业高管或行业专家来校开设主题讲座、参加学院举办的关于应用型人才培养的研讨会等，让学生有机会与优秀本土企业家面对面交流；聘请一批成功创业的企业家、优秀的行业及各领域专家担任创业导师或实践导师；学院每年通过聘任"双师型"教师鼓励专业教师提高实践技能和动手能力。2018年，学院新闻传播专业有近一半的教师获得双师双能型资格证书。

3. 校校协同合作育人

学校还通过引进、返聘的方式聘请海内外和中国台湾高校的专家学者作为兼职教授或学生导师，开展协同育人。例如，近几年，学院聘请中国台湾高校、南京师范大学等教授、专家学者担任兼职教授，为学院人才培养协同育人提供有力的人才支撑；举办传播学年会和编辑出版学年会以及修辞学年会，邀请海内外知名专家学者共商协同合作育人；通过国际合作项目的合作，引进境外高校学者协同进行授课。

（三）资源共建共享，健全资源共享协同育人机制

1. 地方政媒和企业开放资源

地方政媒和企业为学院新闻传播专业学生提供对口专业实习实训岗位和就业平台，提供实习岗位和就业机会。学校和地方签订实习合作协议，安排优秀学生到地方政媒进行暑期实习。每年安排学生到绍兴市宣传部、绍兴市电视台、绍兴市图书馆和地方企业进行实习。通过校、地、企合作，提高了学生实践能力和适应地方需求的技能，部分优秀毕业生通过竞聘，还顺利获得在这些单位就业的机会。

2. 合作办学

学院通过校校双方共同开展学术研讨、联合进行学术讲座，实现校地科研资源共享和合作创新。例如，学院与韩国翰林大学、日本城西国际大学、新西兰东部理工大学、台湾玄奘大学等大学建立友好关系，通过"3+1"、"2+2"、"4+0"、"异地教学"、交换生、教师进修等方式进行国际合作办学、协同育人，拓展教师和学生的专业视野。2018年6月，台湾玄奘大学师生来到学院，开展异地教学，进行短视频拍摄与制作。2018年12月，网络传播学院师生16人赴台湾玄奘大学开展两校师生共同参与的"短视频创作"异地教学活动，日本城西国际大学、新西兰东部理工大学等国际项目即将启动。通过不同方式的协同，双方学生实践能力得到进一步提高，得到了双方学校领导和老师的充分肯定。2018年开始，学校网络传播学院在大一学生中选拔优秀学子，组建人才培养特色班——"国际新闻班"，推进高校教学改革，使课程与市场接轨，让学生有更多实践机会，为校地和校企、校校合作输送更多更优秀的人才。

（四）搭建实践平台，健全平台共享协同育人机制

1. 校地共建校内外实习实训教育基地

学院通过与地方政府共建学生实习实训平台，为人才培养提供平台支持。学院充分利用大学生校内外实践教育基地，积极向社会共享成果，学院先后与浙江省委宣传部、浙江省委网信办、绍兴市委宣传部、共青团绍兴市委员会等地方政府部门开展合作，其中与浙江省委网信办建立浙江省网络文化传播实训基地，开展网络文化宣传与培训，与共青团绍兴市委员会共同建立"绍兴市青少年网络文明引导研究基地""绍兴市青少年网络文化产品创作基地"，开展团干部新媒体宣传工作培训班、网络文明志愿服务及网络文化作品创作活动，传播正能量，清朗网络空间。联合绍兴市文明办、绍兴市教育局、共青团绍兴市委员会、绍兴日报社承办"绍兴首届新媒体大赛"，产生了显著的社会影响力。

2. 校地共建产学研基地

学院通过与地方政府共建产学研平台，双方在人才培养等方面开展全方位的合作。例如，学院与绍兴市委宣传部共同建立绍兴市网络舆情研究院及绍兴市对外传播交流中心，编写《长三角网络舆情》供地方政府参考，与其下属的绍兴市文明办、绍兴市外宣办、绍兴市互联网信息办公室开展诸如网页专题制作、道德模范微电影制作、"美丽浙江、泊客绍兴"网络文化节等活动，提升区域影响力。

3. 校企共建校外实习基地

独立学院通过与当地企业签订校企合作协议等形式，发展校外企业实习基地，为学生提供实践教学的场地、师资和设备等资源和实践平台。例如，与CCTV美在中视浙江新闻中心、中国安防城、中国网上轻纺城、绍兴市蔚蓝网络科技有限公司等互联网企业建立合作平台，开展产学合作，承办中国网上轻纺城、中国网浙江频道的部分信息采集编辑任务。

四、新闻传播专业协同育人机制的启示

协同育人机制是基于信息技术下背景下的关于人才培养的多元协同培养机制，通过师生协同参与社会服务，提升学生就业竞争力。随着产教融合的发展，这种全过程、全方位、立体化的育人机制将会深入发展，同时带给我们一些启示。

（一）完善机制管理创新，促进可持续发展

浙江越秀外国语学院近几年通过不断地探索和实践，在专业协同、校地协同、校企协同和校校协同方面取得相对明显的成绩，也造就了一大批既有新闻素养，又具有跨专业的高素质的人才，但是在协同育人的过程中也存在需要进一步改进的问题，如协同育人机制的可持续发展机制尚未最终形成，这就需要从协同育人制度的完善、过程的管理、融合的深度和途径的多样化等方面进一步加强。如在机制的管理过程中，学院在与绍兴图书馆合作的过程中成立浙江越秀外国语学院和绍兴图书馆战略合作委员会，由学校专门负责的校长（副校长）和绍兴图书馆馆长分别担任主任和副主任，全面管理协同育人，下设办公室，由双方办公室主任负责具体事宜，委员会成员由学校专家、新闻传播学界和业界权威专家组成，负责协同育人的工作指导和评价。该组成可以推广到和其他部门、其他主体的协同育人的过程中，有双方共同协商人才培养目标，资源共享、协同管理和平台的建设，以促进协同育人管理机制的可持续发展。

（二）完善机制评价创新，突显联合培养效能

在协同育人的过程中，学校和地方政府、企业和其他学校通过资源共享、平

台共建形成人才共育、过程共管、责任共担的协同育人机制，合作双方由"共享共营"走向"共建共赢"。要想保证高素质人才培养目标的实现和提升，在教学中，需要完善质量评价体系，来对培养效果进行有效的评价。这个评价体系，包括对学生理论知识、专业技能、媒介素养的三基评价，同时对学生的三基评价要来自校、政、企等各方对学生知识和技能专业素质、基本职业道德素养、媒介素养的评价，因此校、政、企各方要联合制定人才培养评价制度和标准，以实现校外实践教育质量的提升。当然这个多元的评价体系要辅之以师资队伍建设、资源共享等方面育人保障机制，并在此基础上根据社会形势的发展而动态发展。

第二节 应用型新闻传播人才培养实践教学体系建设的探索与实践

高等教育的大众化不仅仅是高等教育规模扩张以及接受高等教育人数的增长，它实际上是高等教育在科学技术变革、国民经济发展、社会转型升级、教育民主化思潮翻涌等多种因素联合推动的结果。

按照美国社会学家马丁·特罗的大众高等教育理论，在大众化教育阶段，高等教育从满足培养少数精英人才的需要转向同时满足更广泛的社会需求和个人公民需求，高等教育培养的主体不再是精英人才，而是注重培养应用型、职业型专门人才。因此在高等教育大众化阶段，高等教育最大的倾向性特征是教育的多样性，包括课程的多样性、教师组成的多样性、高等教育机构的多样性、学生培养经历及接受教育方式的多样性、高等教育评价体系的多样性，甚至于高等教育办学资金来源的多样性，等等。归结起来，就是在高等教育大众化阶段，应用型人才培养是必然趋势，人才培养的特色是关键因素，必须建立符合自己特色和需求的人才培养模式。

浙江越秀外国语学院在适应高等教育大众化的进程中，根据浙江省以及长三角地区经济社会发展的趋势，经过持续几年的"培养什么样的人，怎样培养人"的大讨论，提出了 SPT 主导性办学理念，经过理论论证和实践探索已经取得了显著的办学成绩，受到社会的认可。总结其办学经验，其中非常重要的就是一直坚持实践导向的应用型人才培养理念，架构了系统化地贯穿于大学教育教学始终的实践教学体系。本书以浙江越秀外国语网络传播学院实践教学体系的探索与实践作为个案分析，探讨应用型人才培养的实践教学体系建设，以期能对推动应用型人才培养实践教学体系的进一步深化起到一定的借鉴作用。

一、应用型人才培养实践教学体系建设的意义

（一）应用型人才培养实践教学体系的内涵

实践教学是巩固理论知识和加深对理论知识认识的有效途径，是培养具有创新意识的高素质应用型人才的重要环节，是理论联系实际、培养学生掌握科学方法和提高动手能力的重要平台。应用型人才培养实践教学体系就是在高等教育大众化背景下，学校根据科学技术变革和经济社会发展的实际需求，在应用型人才培养理念指导下，依托校内外实践教育平台，在实践课程设置、学生学科竞赛、实习实践、师资培养、实验设备等多方面构建符合专业岗位需求的系统地贯穿于人才培养始终的实践教学体系。

（二）应用型人才培养实践教学体系的认识

应用型人才培养是高等教育大众化人才培养的一种类型。世界高等教育的发展趋势如美国、英国、德国、日本以及中国香港、中国台湾等应用型大学发展的情况表明，本科教育应是应用型人才培养的主体。因此对于应用型人才培养实践教学体系的认识应该在区分上溯的研究型实践教学体系和下及的职业型实践教学体系的基础上，准确定位其实践教学体系。准确地说，应用型人才培养实践教学体系的定位应该是培养具有专业基础知识、专业基本技能以及综合素质的具有创新能力的高级应用型人才。它与研究型实践教学体系和职业型实践教学体系的区别在于对专业实践能力独特的培养标准。

研究型实践教学体系培养的人才，主要是适应前沿科技发展需求的精英化人才，其主要的实践平台是通过架构处于前沿技术的实验室，通过实验来理解、发现和创新知识，培养研究型精英人才，其主要对应的大学类型是研究型大学或者教学研究型大学，其任务是追踪前沿科学，创新前沿技术。

职业型实践教学体系培养的人才，主要是适应产业化需求的技术性人才，其主要的实践平台是通过架构学校与企业的合作平台，通过"实践—学习—再实践"的方式培养经济社会发展所需的技工，其主要对应的大学类型是高等职业技术学院，其任务是培养规模化的符合现代社会技术产业化趋势所需求的技工。

应用型实践教学体系培养的人才，应该是介于研究型实践教学体系和职业型实践教学体系之间的具有创新能力的人才，它既不同于研究型实践教学体系培养的人才，又区别于职业型实践教学体系培养的人才。其主要平台是通过"架构实验室＋校企合作"的方式，实施基本能力的训练、基本技能的培训培养，融产学研一体的高级应用型人才。应用型实践教学体系培养的人才应该是能够把科学研

究成果转化为现实技术能力的人才,并可以不断改进技术发展的人才,它与研究型实践教学体系培养的人才区别在于它没有非常强的研发能力,却具有比较强的技术转化能力;它与职业型实践教学体系培养的人才区别在于它不但具有比较强的技术能力,还有比较强的技术创新能力。

通俗地讲,应用型实践教学体系培养的人才是具有创新能力的高级应用型人才。其创新能力培养的标准点在于与研究型实践教学体系人才培养相比较,它没有系统化的基础理论知识,但具有相对完整的核心基础理论知识,这是创新能力培养的前置条件,也是与职业型实践教学体系人才培养相比较的优势,同时又具备职业型实践教学体系人才培养的技术优势。三者之间的关系如表6-1所示。

表6-1 实践教学体系比较图

内容	研究型实践教学体系	应用型实践教学体系	职业型实践教学体系
人才类型	研究型人才	应用型人才	职业型人才
知识要求	系统地学科理论知识	核心学科理论知识、专业技能知识	专业技能知识
能力标准	科学研究能力	技术转化与应用能力	技术应用能力
主要实践平台	实验室	实验室、校企合作	校企合作

二、应用型人才培养实践教学体系建设的路径

实践教学体系作为应用型人才培养的重要环节,它是应用型人才培养的重要标准,也是目前应用型人才培养中比较难把握的环节,比如实践教学的内容、实践教学的管理体制、实践教学基地建设、实践教学师资问题、实践教学评价体系,等等。然而实践教学作为一种教学形式,在人才培养中是系统化的,包括实践教学目标体系、实践教学内容体系、实践教学管理体系、实践教学保障体系和实践教学评价体系等。本书以浙江越秀外国语学院网络传播学院在培养应用型网络传播人才建构的实践教学体系为例,探讨应用型人才培养实践教学体系建设的路径问题。

(一)构建系统化地贯穿人才培养始终的课堂实践教学体系

应用型人才培养的实践教学体系关键在于建构一以贯之的课堂实践教学体系。浙江越秀外国语学院网络传播学院在人才培养的制定过程中强调课程实践教学系统性架构的重要性,构建了以"三课堂"联动、"递进式"训练、项目化设计为主要内容的课程实践教学体系,取得了一定的成效。

1.构建"三课堂"联动实践机制

"三课堂"联动实践机制是指网络传播学院在人才培养方案的制定过程中强

调第一课堂、第二课堂与第三课堂紧紧围绕应用型人才培养所需的基本能力构建环环相扣的实践机制。

第一课堂实践机制，是指网络传播学院在人才培养方案中加大实践课程的设置比例，以传播学（网络传播方向）专业2012级人才培养方案为例，该专业方向专门设计了新闻摄影摄像、电脑图文设计、网络新闻编辑实务、网站多媒体制作实务、网络媒体营销实务、网站类型指导务实等实验课程11门计19学分。通过实践教学和优质课堂创建，实现教材优质、教法优化、教师优秀，保证学生掌握专业技能，具有动手能力、操作能力。

第二课堂实践机制，是指构建以学生学科竞赛为主要平台的实践机制。它包括利用互联网公共交流平台开展与专业相关的实践活动，主要是利用新浪微博、人人网等社交平台，要求网络传播相关专业的所有班级和学生在这些社交平台建立公共网页和个人网页，通过制度建设、评优评奖等考核方式引导班级和学生积极经营社交网页，提升网络传播学院相关专业学生的专业实践能力。积极引导学生参与专业相关的学科竞赛，通过学科竞赛这种以赛带练的方式强化学生的专业实践能力，主要是在人才培养方案中设置多媒体作品制作这门零课程学分，要求学生在四年中必须获得一项校级以上专业学科竞赛成绩方可取得学分；鼓励学生积极参加与专业相关的学科竞赛，采取学工办教科办组织、专业教师主导、学生以团体方式主动参与的方法强化学生学科竞赛的组织活动，取得了比较明显的成绩。

第三课堂实践机制是指构建一体化的实习实践过程。它包括在人才培养方案中设置专业认知实习、毕业实习、毕业论文等实习实践环节，并积极结合暑期社会实践，构建完整地一体化实习实践方式，主要是大一利用中国网络传播教育网以及浙江在线、绍兴网等网站组织学生进行专业认知实习，帮助学生熟悉互联网运作的基本方式，建立初步的专业意识；大二、大三结合暑期社会实践，要求学生进行专业相关的暑期实习，并以设计作品的方式进行评优评奖；大四进行毕业实习和毕业设计，以毕业设计作品和毕业论文作为毕业的主要评价标准。

2."递进式"训练

实践教学内容体系的构建一般采取按能力层次划分的"递进式"的实践教学模式。内容体系按基本技能、专业技能和技术应用三大模块构建。基本技能侧重操作性，专业技能注重技术应用性，技术应用强调综合实践性，注重"产品"教学、创新制作和新技术应用。如传播学（网络传播方向）专业的实践课程设置即是按照递进式方式设置，如表6-2所示。

表 6-2 传播学（网络传播方向）专业实践课程设置

学期	1	2	3	4	5	6	7
新闻摄影摄像		√					
电脑图文设计			√				
网页设计与制作				√			
数字音视频编辑					√		
网站跟踪调查						√	
网络专题活动							√

3.项目化设计

项目化设计是指在人才培养方案的理论课程中按照项目设计的方式设置大作业，注重学生基本技能的掌握，要求每门理论课都设计1~2个大项目。比如编辑出版学（网络编辑方向）专业编辑学概论课程，该门课程是编辑出版学专业的核心基础课程，主要是以理论讲授为主，但是该课程在教学过程中，设计了两项基本技能，即学会电子报纸及电子杂志的编辑工作，要求学生在完成该门课程以后能够独立设计一张电子报纸和一本电子杂志，并且作为课程考核的重要内容。

（二）构建以中国网络传播教育网为核心平台的校内外实践教育基地

实践教育基地建设是应用型人才培养实践教学体系建设不可或缺的重要组成部分，优质的校内外实践教育基地建设对于应用型人才培养的成败具有举足轻重的作用。浙江越秀外国语学院网络传播学院充分利用学校与国务院新闻办、中国互联网新闻中心合办的中国互联网新闻信息管理人才培养基地的资源优势，构建了以中国网络传播教育网为核心平台的校内外实践教育基地。

1.以中国网络传播教育网为主体架构的校内实践教育体系

为进一步贯彻落实应用型人才培养的目标，浙江越秀外国语学院网络传播学院在中国互联网新闻中心的支持下，按照中国网新闻门户网站的架构组建了中国网络传播教育网，作为学生校内实践基地的核心平台，使学生在"学中做、做中学"，提升学生的专业实践能力，并建立严格的新闻把关制度和成绩评价制度。新闻把关严格按照新闻产制的要求，建立三级新闻审核制度，第一级为班级小组长审核、第二级为任课教师审核、第三级为网站专业工作人员审核。同时把中国网络传播教育网新闻发布数量及质量作为"零课程"学分纳入人才培养方案，并建立完整的评优评奖制度。

在中国网络传播教育网为核心平台的校内实践教育基地的基础上，有整合学院以及二级学院、各处室网站作为学生校内实践教育的辅助平台。同时为顺应移动互联网的发展趋势，网络传播学院与党委宣传部建立校园移动媒体，并由学生具体负责移动媒体的运作。

2.建设网络传播实验系列教材

为使中国网络传播教育网与网络人才培养所需的能力要求紧密联系起来，网络传播学院在人才培养方案制定的时候专门设置4个学分作为中国网络传播教育网的实验学分，要求学生在大二、大三四个学期完成实验学分，并根据互联网人才的能力要求设置4门课程作为实验课程，分别为网络新闻编辑实务、网络媒体营销实务、网站多媒体制作实务、网站类型指导实务。

3.探索学界与业界互动的校外实践基地建设

浙江越秀外国语学院网络传播学院充分利用与中国互联网新闻中心合作的资源优势，聘请中国人民大学、中国传媒大学、中国社会科学院等从事网络新闻传播的学者以及新浪网、中国网、千龙网等国家大型门户网站的总编辑担任网络传播相关专业的专家委员，并与这些大型国家级网站签订校外实践基地协议，选拔优秀的学生赴上述实践基地实习实践，将优秀的学生推荐到上述网站就业。

（三）建设以新锐网络公司为核心的大学生创新创业孵化基地

应用型人才培养实践教学体系与职业型人才培养实践教学体系的重要区别在于人才培养的创新能力，创新能力培养的前置因素是要架构核心的基础理论知识，使其具备基本的可持续发展能力，而其实践因素则是在人才培养中要尽可能给学生提供创新能力培养的平台。浙江越秀外国语学院网络传播学院在人才培养实践教学体系的探索与实践中，特别重视学生创新创业能力的培养，尤其是对学有余力及学有所长的学生提供发挥能力的平台，在中国网络传播教育网这一平台的基础上建立新锐网络公司作为大学生创新创业的孵化基地，鼓励学生积极创新创业，目前新锐网络公司与搜狐焦点网、浙江在线已经初步达成了合作协议，采取承包的方式参与上述网站的项目运营。

（四）以学习型"外语文化寝室"为载体，延伸实践教学体系

网络传播学院在创建外语学习型寝室的基础上，积极探索专业实践能力培养的通道，打通课堂教学与寝室学习的通道，通过网络平台的建设，把课堂教学延伸至寝室，延伸课堂教学内容，构建学习型寝室。这一学习方法使学生充分利用每天4小时以上的时间，利用网络平台从事专业实践能力的训练，同时积极推行导师制，通过导师下寝室指导的方式，面对面地辅导学生专业技能，提升学生的专业实践能力。

三、余论

应用型人才培养的实践教学体系建设是一个长期持续建设的过程，同时也是一个动态更新的过程，它既有规范性的符合人才培养规律的要求，同时也有前瞻性的探索前沿知识的要求，因此应用型人才培养的实践教学体系已经在坚持应用型人才培养规律的基础上，紧紧追踪学科及技术发展前沿，不断革新实践教学内容，比如网络传播相关专业随着互联网进入到移动互联网发展阶段，其实践教学体系就应积极地变革实践内容，加入移动媒体的相关实践内容，如 APP 技术应用、内容制作以及产品营销等。同时应用型人才培养的理念也要求应用型人才培养的实践教学体系不断进行教学改革，打破传统的课堂教学方式，积极紧跟世界教育改革思潮，探索符合应用型人才培养需求的课堂教学模式，比如服务学习理念在专业课程建设中的渗透。应用型人才培养的实践教学体系也对师资队伍的建设提出了新的要求，要求师资队伍建设打破传统的理论与实践教师脱节的问题，积极探索混合型教师的培养方式，打通理论课教师与实践课教师的鸿沟，真正使教师也成为具备理论知识和实践技能的应用型人才培养所需的教师。

第三节 》》 应用型新闻传播人才培养紧密型校外实践教育基地的探索与实践

《国家中长期教育改革和发展规划纲要（2010—2020）》提出："牢固确立人才培养在高校工作中的中心地位，加强实验室、校内外实习基地、课程教材等基本建设，支持学生参与科学研究，强化实践教学环节，创立高校与科研院所、行业、企业联合培养人才的新机制。"大学生实践教育基地建设日益成为大学生提高专业实践能力，提升创新能力，增强就业能力的重要手段。这里以浙江越秀外国语学院与中国互联网新闻中心共建的网络传播文科实践教育基地为个案，分析探讨紧密型校外实践教育基地的作用和成效，以期对进一步深化大学生校外实践教育基地建设提供借鉴。

一、大学生校外实践教育基地概述

"大学生校外实践教育基地"是教育部出台的《关于开展"本科教学工程"大学生校外实践教育基地建设工作的通知》文件中提出的概念，目前学术界对"大学生校外实践教育基地"的内涵尚没有权威的界定。根据学术界对社会实践基地的界定，"社会实践基地是指按照大学社会实践的根本目的和要求，在充分研究和把握大学生社会实践特点和规律的基础上，依据一定的模式，按照一定的步骤建立的，使学生能够有目的、有计划、有组织地参与社会政治、经济、文化活动和专业实践，从而提高其专业能力和思想道德素养的长期稳定场所。"结合教育部对大学生校外实践教育基地的目标、任务和内容的要求，大学生校外实践教育基地是指："紧紧依靠专业建设积淀，围绕区域优势资源，由高校与科研院所、行业、企业共筹共建，挂靠在企事业单位的，兼具指导功能、培养功能以及示范辐射功能的大学生教育机构，以此推动校企在特定的培养目标和人才规格下，组建由高校教师和企业专技人员共同组成的师资队伍，协同构建科学的教学内容和课程体系、协同实施培养过程、协同制定管理制度和评估方式，促进建立校企联合培养人才的新机制，创新校外实践教育模式。"

教育部启动大学生校外实践教育基地建设的目的是通过建设实践基地，承担高校学生的校外实践教育任务，促进高校和行业、企事业单位、科研院所、政法机关联合培养人才新机制的建立。推动高校转变教育思想观念，改革人才培养模式，加强实践教学环节，提升高校学生的创新精神、实践能力、社会责任感和就业能力。通过近几年的探索与实践，已经取得了比较明显的成绩，主要表现在：初步探索多元化的校地校企协同育人模式，有力推进高校实践教学改革，创新校地校企合作育人运行机制与管理机制。但也有需要进一步改进的问题，主要体现在：缺乏推动基地可持续建设和发展机制，大学生校外实践教育基地在人才培养上的功效尚未完全发挥，尚未形成资源共享、交叉融合的基地体系。

浙江越秀外国语学院与中国互联网新闻中心合作共建的网络传播文科实践教育基地是基于中国互联网行业的迅猛发展，以及对既具有中国特色社会主义核心价值观的新闻"把关人"的政治素养，又具有跨学科综合知识的互联网新闻、管理、技术和经营人才的强烈需求，在充分利用浙江越秀外国语学院多语种优势和中国互联网新闻中心多语种对外信息发布的"超级网络平台"优势而建立的"系统全面合作模式"。这一系统全面合作模式是覆盖网络传播人才培养全过程、全方位、立体化的校企联合培养模式，是一种紧密型的大学生校外实践教育基地模式，它突破了传统蜻蜓点水式的短时实践教育模式，改革只在规定实践岗位进行局部训练学习的习惯模式，真正实施贯穿于整个大学学习过程的人才培养实践教育体系，把学生实践与专业课程的教学以及实验项目结合起来，有力促进校企合作、产教融合，实现应用型网络传播人才的培养。

二、网络传播文科实践教育基地的探索与实践

（一）项目化建设为载体的应用型网络传播人才教学改革

浙江越秀外国语学院与中国互联网新闻中心共建的网络传播文科实践教育基

地实行项目化合作方式，以项目化建设为载体开展实践教育，双方通过合作编写网络传播人才培养系列教材、网站建设指导、标准化网络新闻采访直播中心、实习项目等具体项目建设，把学生网络实践与专业课程教学相融合，真正实施贯穿于整个大学学习过程的网络传播人才培养实践教育体系，培养学生的创新意识，拓展学生的专业技能，促进学生专业实践能力的提高。

1. 中国网络传播教育网仿真实践项目

中国互联网新闻中心和浙江越秀外国语学院按照重点新闻门户中国网的架构，投入专项经费，在校内建立中国网分站——中国网络传播教育网，具备新闻信息采集系统、视频音频图片处理系统、论坛管理系统、网络交流平台系统和信息发布系统等。组织学生参与网站建设和运作管理过程，按频道、栏目分类，分别组织师生练习正规网站所需要的新闻、广告的数据采集、管理和发布的基本技能。同时为保证大学生网站实践质量，对学生网站实践任务实行严格的把关制度，建立三层把关的实践成果评价制度。第一层设置频道组长把关评价，负责最低层面的网络监督管理，负责检查学生实践任务的完成情况和初步评估和筛选；第二层设置指导教师把关，指导教师在第二层面对小组长筛选出来的成果再进行检查，并及时对学生进行反馈和讲评；第三层设置网站责编（频道总监）把关，网站责任编辑全面考评学生的任务完成情况，决定可以入选网站的学生实践成果。通过这样的评价制度，更好地激发学生实践兴趣，发挥学生的主动性。

2. 标准化网络新闻采访直播中心项目

网络传播文科实践教育基地为进一步实现资源共享，双方分别在北京和绍兴共同建立标准化网络新闻采访直播中心。通过标准化网络新闻采访直播中心，共享双方师资及社会资源，进行新闻传播类相关课程的技能操作，为网络编辑实务、电脑图文设计、音视频编辑、新闻采访与写作等多门课程提供示范教学基地和实践平台，将各种相关实验及课外教学实践与网站实践挂钩，使学生得到全面提高。学生还结合标准化网络新闻采访直播中心的项目建设、网站运营和技术开发等开展科学研究和毕业实习，通过科学研究、项目实践拟定毕业论文（设计）选题，紧密结合行业和企业发展需求，使毕业实习和毕业论文（设计）更好地体现人才培养目标，促进学生知识结构的整合。学生通过边学习、边实践、边研究、边提高的方法，开展学习实践，建立与教学密切结合、与人才培养目标一致的实践教育体系，取得明显成效。近年来，通过在网络传播文科实践教育基地学习的大学生获得《数字媒体工作室模式：高校"工作室"的转型与市场开发研究》《大学生网络学习社群实践研究》等国家级、省市级大学生创新创业项目近 50 项，获得首届两岸微电影大赛、浙江省大学生多媒体竞赛等省市级奖项 100 多项，学生在《新闻研究导刊》《传播与版权》等学术期刊公开发表论文 50 余篇。

3. 网络传播实践系列教材项目

网络传播文科实践教育基地在实践教育过程中将相关课程实验项目纳入实践教育系统，把课程实验和实践教育结合起来，把网络操作运行与实验课程学习内容结合起来，按"基本型实践项目""综合设计型实践项目"和"研究创新型实践项目"三个层次组织实践教育，将电脑图文编辑、网页设计制作、摄影摄像等课程的实验内容纳入基地实践教育范围，全面建构并完善课程学习与实践教育的结合模式，编写网络传播实践系列教材，提高人才培养的效果。基地出版网络传播实验示范教材一套，包括《网络新闻编辑实务》《网络媒体经营实务》《网站类型指导实务》《网站多媒体制作实务》等 4 本，网络经营与管理系列教材一套，包括《网站运维与管理》《电子商务理论与实务》2 本，另外编写实验教材《新闻写作案例教程：范例、思路与技巧》《图书选题策划案例教程》《网页设计与制作》《计算机网络技术及应用》等实践教材 5 本，其中获得浙江省重点教材 1 部、绍兴市重点教材 3 部。

（二）构建网络传播文科实践教育基地管理机制

浙江越秀外国语学院和中国互联网新闻中心共同建立网络传播文科实践教育基地管理委员会，探索建立校企全面合作，共同负责的大学生校外实践教育基地管理机制。

1. 共同合作建立实践教育基地

浙江越秀外国语学院在北京设立专门办事处，并委派网络传播学院一名副院长任办事处主任，专门负责与中国互联网新闻中心的联系和合作，负责安排赴北京实习实践学生的管理。中国互联网新闻中心按要求提供实习实践条件，并为学生实习实践教育提供专职导师指导，学生则通过在该企业的实习实践完成训练任务，掌握网络传播技能。同时优秀的学生可推荐就业。

2. 完善实践教育基地管理办法

浙江越秀外国语学院与中国互联网新闻中心共同建立网络传播文科实践教育基地管理委员会，由校长任管理委员会主任，企业相关负责人任副主任，全面负责实践教育基地的监管以及基地的管理运行。同时中国互联网新闻中心充分利用其在学界和业界的影响力，建立由网络传播业界和学界权威专家组成的网络传播文科实践教育基地专家指导委员会，负责实践教育基地的指导和评价。在此基础上建立网络传播文科实践教育基地建设工作小组，全面负责实践教育基地的具体建设工作，研究决定基地建设、人才培养实践教育模式、实践教学体系、课程体系、实践教育配套产品、教师学生管理等重大问题，确保实践教育基地的正常运作。

3.加强实践教育基地设施建设

合作双方完善基地建设，提升基地设备配备档次，增强基地实力，扩大基地作为校外实践教育场所的容量，以吸引容纳更多相关学科的学生进入实践基地学习，并准备逐步向社会开放。

（三）基于资源优势的小语种网络传播人才培养探索

中国互联网新闻中心是国家重点网站、国家多语种对外宣传平台，它用中、英、阿拉伯、韩、俄、德、西、日、世界语等10个语种向世界传播中国。浙江越秀外国语学院开设英、日、韩、法、俄、德、西、意和阿拉伯语等10个外语语种，是浙江省开设外语语种最多、外语人才培养规模最大的外语类本科院校。双方充分利用各自的外语优势，共同探索培养能够进行国际传播的小语种网络传播人才培养，通过小语种专业开设网络传播方向，针对小语种专业开设网络传播辅修专业，开设小语种专业学生网络传播技能培训班等方式培养具有小语种优势的网络传播人才。

三、紧密型大学生校外实践教育基地建设的启示

（一）优势共享是前提

校企合作、产教融合是应用型大学建设的根本任务，紧密型大学生校外实践教育基地建设是校企合作、产教融合的重要载体。浙江越秀外国语学院与中国互联网新闻中心共建的网络传播文科实践教育基地在合作过程中双方领导高度重视，都把网络传播文科实践教育基地作为推进各自建设发展的重点内容，合作双方领导作为网络传播文科实践教育基地建设的主要责任人，把各自拥有的资源优势共享作为双方合作的前提。比如中国互联网新闻中心多语种发布平台实践，作为国家重点新闻网站拥有的学界业界影响力、多年互联网运维的实操经验，浙江越秀外国语学院全校联动、专项基金的扶持保障、多语种语言优势等，通过资源优势共享各自相互满足需求，保证网络传播文科教育实践基地的深度推进。

（二）机制建设是保障

网络传播文科教育实践基地的建设特别重视机制建设，特别是长效机制的建设，充分保障实践教育基地的顺利运行。在组织机构建设上，双方共同建立"网

络传播文科实践教育基地管理委员会""网络传播文科教育实践基地专家指导委员会""网络传播文科教育实践基地建设工作小组"等三级管理机构。在管理办法上,双方签订《网络传播文科教育实践基地协议》《网络传播文科教育实践基地章程》《网络传播文科教育实践基地管理办法》。通过机制建设,网络传播文科实践教育基地将有规可依,有章可循,保证实践教育基地长效机制。

（三）项目运行是重点

网络传播文科教育实践基地的顺利有效运行,除了资源优势共享、机制建设保障充分之外,最重要的创新点就是建立了项目化运行的方式,使得网络传播文科实践教育基地在运行中有明确的内容。比如基于项目化建设为载体的应用型网络传播人才教学改革,通过共同建立中国网络传播教育网仿真实践项目、标准化网络新闻采访直播中心项目、网络传播实践系列教材项目等具体项目,积极推进建设,取得显著效果。

第四节　新闻传播教育在地国际化人才培养的探索与实践

当下,以大数据、人工智能、网络技术为核心的高新科技技术不断对人类社会经济、政治、文化等方面进行渗透,全球一体化进程已经进入一个全新的时代,而高等教育国际化在推进全球化的进程中的重要角色扮演和作用越发强大。由于新闻传播教育具有非常强的意识形态属性,世界各个国家基于政治因素考量,不同国家的办学主体必然在学分互认及课程设置等方面存在重大分歧,这在某种程度上影响了新闻传播教育国际化的推进力度。而"在地国际化"办学理念的提出,反过来为新闻传播教育国际化带来新的发展契机。

一、在地国际化溯源及释义

在地国际化有不同的名称,有些学者最早将之称为"国内国际化"或"校本国际化"等。"在地国际化"作为一种新型的办学理念,最早是由瑞典学者本特·尼尔森提出,兴起于20世纪90年代末期。尼尔森认为在校学生除了跨国际流动之外的参与国际事务相关的学习活动称之为"在地国际化"。与尼尔森观点相同的学者还有德国学者贝恩德·沃切特等。当然,有些学者将跨文化交流理念作为衡量在地国际化的一个非常重要的指标,比如加拿大学者奈特、乔斯·贝伦和埃尔斯佩思·琼斯等,他们认为在地国际化就是把国际视野和跨文化理念引入到教育机构的教育、研究和服务等功能中去的过程。

我国新闻传播教育的在地国际化实践始于 1983 年,上海外国语大学、复旦大学、厦门大学、中国传媒大学是国内较早开设国际新闻方向的高等院校。经过30多年的曲折发展，新闻传播教育在地国际化的人才培养模式已经日渐成熟，进入快速发展的时期。国内最早研究在地国际化的学者是上海市教育科学研究院丁笑炳教授，他认为所有学生的国际化培养在实践层面是不可行的，要大力推行本土国际化，其核心主要聚焦于形式多样的国际化的课程改革和课外活动开发。此外，国内学者比如北京大学学者张伟、刘宝存及中国人民大学学者洪大勇都有专门的研究。笔者赞同学者张伟的观点，所谓新闻传播教育在地国际化就是立足本国新闻媒体的发展实际，充分利用优质化的本土教学资源，从国际化教学、国际学术会议、境外合作项目、国际课程体系、国际师资及留学生等方面构建国际化的本土校园，并辅以跨文化与国际性交流活动，进而培养具有国际新闻素养、通晓国际传播规则、适应国内外新闻传播业的高层次新闻传播人才。

二、新闻传播教育在地国际化的现实价值

首先，新闻传播教育在地国际化有利于化解中外新闻传播实践所面临的传播障碍或传播隔阂困局。从中外新闻传播实践来看，由于两者所属的意识形态性质不同，导致新闻报道角度切入、新闻价值评判、新闻报道主题选择等方面上存在很大差异，由此引发的传播障碍或传播隔阂现象此消彼长。而新闻传播教育在地国际化理念有助于通过借助新闻传播教育的中介渠道，使中外新闻传播的受教育者认清彼此分歧，从而最大程度消弭新闻传播实践所带来的传播障碍或传播隔阂现象，对提高国际话语权、提高国家文化软实力、提升国家形象与国际地位、增进与世界各国的交流等方面都有积极的作用。

其次，新闻传播教育在地国际化有助于加深中外之间的跨文化交流。随着全球一体化进程的加快，世界不同文化背景的人们之间的各种跨文化交流活动越来越频繁。现如今越来越多的中国人开始迈出国门，奔赴世界各地进行旅行、留学、工作，甚至移民。新闻传播教育在地国际化可以使不同国家的受教育者通过学校教育载体，让他们充分认知不同国家之间在宗教文化、建筑文化、饮食文化、服饰文化、礼仪文化、民俗文化等存在的不同，进而有效消弭中外民间的跨文化交流出现的纷争，以达成"认知差异、相互尊重、求同存异"的跨文化交流目的。

最后，新闻传播教育在地国际化有助于提升我国的新闻传播教育国际化办学水平。从新闻传播教育起源看，西方高校的办学历史要明显早于我国的新闻传播教育实践。据有关新闻史记载，世界最早的新闻传播教育可以追溯到18世纪的

德国，而我国的新闻传播教育始于 20 世纪初，1918 年北京大学新闻学研究会的成立标志着中国新闻传播教育的发端。实际上，我国新闻传播教育真正大发展是在十一届三中全会之后。虽然中外新闻传播教育创办时间相差不是太大，但西方的新闻传播教育经过 170 多年发展历程，搭建了系统成熟的新闻传播教育体系，积累了厚重的历史沉淀。新闻传播教育在地国际化为推动中外新闻传播教育交流打下坚实基础，这有利于带动我国新闻传播教育在人才培养质量、科学研究层级与社会服务水平历史性发展机遇，对我国新闻传播教育的办学水平和质量明显有很大推动作用。

三、浙江越秀外国语学院新闻传播教育在地国际化实践

浙江越秀外国语学院作为一所语言类的民办高校，其新闻传播教育创办于 2011 年 3 月 28 日。相对于国内公办老牌院校而言，虽然办学时间非常短，但它是中国互联网新闻中心在全国高校内最早设立的"中国互联网新闻信息管理人才培养基地"。经过近十年的砥砺发展，新闻传播教育已经日渐成熟，现开设有编辑出版学（网络编辑方向）、传播学（网络传播方向、网络媒体经营与管理方向、新媒体传播方向）、新闻学、网络与新媒体、数字媒体技术、数字媒体艺术六个本科专业，在校学生 3000 余人，形成了以新闻传播类为主体、数字媒体艺术和数字媒体技术为两翼的新文科专业群布局。学院在创建新闻传播教育之初充分考虑外语类的办学优势，紧紧围绕国际化办学思路，走出了一条新闻传播教育在地国际化的人才培养道路。据浙江省教育厅对外发布的浙江高校国际化总体水平排名显示，学校新闻传播类教育连续三年在"浙江省本科院校（非硕博院校）国际化总体水平"名列第一。

（一）树立融通思维，兼顾国际化理念和本土化培育

纵览世界高等教育，不同国家所呈现出的高等教育交流往往受制于政治、社会伦理、文化、经济发展程度等因素的影响，明显具有异质性的特点。高等教育要走国际化道路，势必带来不同教育文化的冲突。高等教育国际化分为两个部分，一是纯粹的高等教育西方化，即完全以西方教育为基准；二是建立在本土化层面上的国际化。在地国际化明显是以后者为核心，最能契合一个国家的教育发展现状。在地国际化教育是时代发展使然，最大程度保证本土教育文化和外来教育文化的融通发展，以发挥中国高等教育优势为主要目的进行平等、和谐的国际交流。

网络传播学院自筹建之初就把在地国际化作为今后办学的主要思路，一方面

立足世界，梳理世界新闻传播的先进理念和成功经验；另一方面立足本土培养，力争夯实中国独具特色的新闻传播理论和框架。近些年来，网络传播学院根据中外双方办学水平和办学实际，积极探索与国外高水平大学建立实质性国际合作项目，在学生互换、学分互认、学位互授的基础上，以达到"取长补短、各为所用"思想氛围和价值支撑，旨在培养学生的国际观念、全球意识、国际交流能力和国际竞争能力。2017年网络传播学院与韩国翰林大学就传播学专业签订"2+2"合作办学战略协议，就课程体系、学分互认、学时等方面达成共识，要求学生用2年时间在本校系统学习韩语和本土新闻传播理论及其专业知识，剩下2年在韩国系统学习韩国新闻传播专业知识。2018年度，网络传播学院先后与美国、英国、意大利、澳大利亚、新西兰、中国台湾等院校进行合作，先后进行师生互换交流50余人次。2019年10月30日学校与新西兰东部理工学院合作申报的"浙江越秀外国语学院东部理工数据科学与传播学院"成功获得教育部审批，实现了学校本科层次中外合作办学机构的突破。

（二）积极筹建双语或全英文课程建设项目，积极打造具有国际标准的课程体系

为了进一步推动学校教育的国际化办学水平，网络传播学院率先以编辑出版学、传播学、新闻学等优势专业为突破口，启动了"双语教学示范课程或全英文课程建设项目"。该项目严格按照新闻传播类专业人才培养方案的要求，一方面针对面向国内新闻传播人才培养的专业课程，必须开设3～6门双语课程；另一方面面向国内或境外从事国际新闻传播的人才培养目标，必须开设一定数量的国际标准的全英文课程。双语教学示范课或全英文课程建设项目申报都要建立在认真考查国际知名高校相关课程设置的基础上，结合本专业特色和优势，根据学校整体要求提出申请，经过立项、建设、验收等环节，建设周期为2年。项目负责人具有国外学习（访学）一年以上经历或境外留学背景的博士讲师和副教授及以上职称的教师；项目团队一般应由两人以上组成，要求成员必须是双语课程或全英文课程代课老师。为保障双语或全英文课程建设项目能够顺利实施，项目申报人员和参与人员必须参加相应的培训班，培训学时由学校教师发展中心负责认定，最终取得相应的双语课程或全英文课程的任职资格。比如2019年4月学校教师发展中心和教务处将组织部分双语或全英文课程教师参加西交利物浦大学举办的"全英文教学研究项目"培训班，已有6位老师获得任课资质。

网络传播学院通过开展双语或全英文课程建设项目，建立了完整科学的具有国际标准的课程体系，大大提升了在地国际化的办学水平。截至目前，新闻传播类的双语课程或全英文课程的开课率为95%，主要有《英语报刊选读》《英语国

家概况》《跨文化交际》《网络英语》《新闻英语》《广告英语》《公共关系学》《世界新闻事业》《当代西方新闻写作引介》《新闻网站浏览与分析》《国际政治传播学》《舆论学》《英语新闻采访与写作》《新闻编译》等。这些双语或全英文课程从课程特点、教学目标、内容和方式，都强调了对专业能力和对外交流能力的重视，教学效果良好。

（三）构建国际协同教学模式，营造国际化的教学环境

近些年来，网络传播学院紧紧围绕"外语＋"战略，在2018年5月面向全校语言类专业遴选全英文新闻学专业合成班，首届招生22人。设置这样的实验班原因有两个方面：其一，随着网络媒体的崛起，新闻传播的传播范围不再受地域和时间的牵绊，全球传播成为新闻传播的重要研究领域。实验班的筹建就是培养一大批具有国际视野的新闻传播者，满足国际间新闻信息交流。其二，随着全球一体化进程的加快，国际之间的教育交流日益国际化，越来越多的学生有出国留学的需求。

为保障全英文新闻学专业合成班的人才培养的国际化，网络传播学院打造国际协同教学模式，这为境外课堂的本土国际化教学模式提供了强有力的理论支撑。所谓国际协同教学，是指以协同理论为核心的一种新型教学组织形式，在两个以上教师的合作下，负责担任同一门课程的全部教学，包括授课计划、课程设计、教学大纲、教材及考核方式。其中，课程负责人必须是由一名外教教师担任，协助国内师资共同完成一门课程或一个实验班的所有课程的授课任务。国际协同教学模式真正实现了课堂教学国际化，营造了国际化的教学环境。首先，从学生层面而言，国际协同教学模式为学生营造了一种原汁原味的国际学习环境，一方面可以体验外国教师的授课风格，另一方面，国内外教师的交叉互动，实现了国际化办学和知识传授的无缝衔接，切实提升了学生的国际化视野。其次，从教师层面而言，外籍教师与本土教师的教学互动，有效提升了国内教师队伍的国际化素质。

（四）加强国际化师资队伍建设，注重外引内育

当前，我国公办高等院校通过国家公派、单位公派和自费等途径提升国际化师资水平。随着民办高校办学水平的提升，开始重视国际化师资建设。但是，由于民办高校在办学实力方面不及公办高校，导致很多民办高校存在国际师资严重匮乏的事实。加上本土教师教育背景等原因，在知识结构、教学理念和教学方法上还不能适应国际化师资的需求，严重地制约了民办高校国际化办学水平。

浙江越秀外国语学院作为一所民办高校，根据《浙江省高等教育国际化发展

规划（2010—2020）》的要求，为进一步推进国际化师资队伍建设，学校在 2013 年全面推行专任教师赴国（境）外访学、进修工作。经过学校外事处与国（境）外多所院校协商，争取多个宝贵的访学、进修名额。近些年来，通过外引内育渠道，培养了一支富有创新精神和实践能力，具有教育国际化视野的师资队伍。在内部培养方面，一方面从新闻传播专业优先选择外语基础好的老师到国外韩国光云大学、日本关西大学、德国柏林艺术大学、英国普利茅斯大学、西班牙马德里大学攻读博士学位；另一方面选派优秀任课教师赴美国加州大学圣贝纳迪诺、美国印第安纳波利斯大学等 10 所高等学府研修或访学。这些到国外访学、读博的教师不仅学习了国外的办学理念、教学方法等，而且"眼看风景、耳听风情、用心感悟人文"，极大地提升了全英文课程的综合授课能力。在引进国际新闻传播人才方面，一方面竭力接收具有本土海外留学高层次人才，另一方面以柔性优惠政策聘请境外教师来校授课。2018 年根据新闻学专业全英文合成班的人才培养要求，从台湾地区引进 3 名教授和 1 名墨西哥外教。到目前为止，新闻传播专业现有专任教师中具备全英文教学水平的老师达到 13 人。

（五）打通国际化交流渠道，营造校园国际氛围

新闻传播在地国际化作为国际化办学的一种新型理念，其核心要义虽然立足本土，但必须注重形式上的国际化交流，为学生营造一种与本土教育完全不同的教育环境。因此，打通国际化交流渠道，是新闻传播教育在地国际化的重要保障。目前，常见的国际化交流渠道主要以国际项目、国际会议为载体进行深度的国际合作，辅以海外名校导师科研营、名校导师公开课、异地教学活动等形式。

浙江越秀外国语学院为保障新闻传播教育在地国际化教育的顺利实施，从外事政策、资金等方面进行倾斜，多渠道全方位打造常态化的国际化交流渠道。首先，以国际学术会议为抓手，先后聘请美国、韩国、日本等国家知名的新闻传播学者来校进行学术交流，这对新闻传播学生洞察国际新闻传播最新发展动向、开阔学生的国际化视野打下坚实的基础。比如 2015 年学校举办了不少具有较大影响力的国际性学术会议"全球修辞学会理事会"及"新媒体·青年·认知"国际学术研讨会等，会议邀请了日本札幌大学教授张伟雄老师等。其次，充分利用发达的网络媒体和频繁的国际间的合作机遇，先后与世界顶尖新闻传播院校签署教学合作协议，让学生足不出户就能享受到优质的国际化课程资源。再次，开展中短期国际异地教学模式、外文化体验、社会实践等，让学生走出国门，体验境外丰富多彩的教学活动。此外，以校内国际活动为载体，积极组织学生参与英语角，出国（境）活动学生交流会、分享会、"'第三只眼睛看世界'主题摄影、征

文比赛","绍台大学生义工文化交流活动","'我与外教'征文比赛","'最受欢迎的外教'评选活动"等活动,有利营造了学院国际化氛围。最后,对留学生不再单独编班上课,采取插班的形式,让学生时时刻刻体会不同文化间的碰撞与交融,提高国际化培养水平。

从高等教育国际化发展的阶段和运行效果来看,以跨国或跨境流动为特征的传统的国际化模式往往受到国与国之间的政治、经济等因素而在一定程度上被牵制和影响,而新闻传播教育在地国际化无疑是最适合我国的具体国情而采取一种"弯道超车"国际教育理念,无疑能够有效推动新闻传播教育国际化的快速发展步伐。当然,新闻传播教育国际化在实施的时候,一定要基于我国媒体的属性、肩负的责任与使命,厘清我国新闻传播教育在地国际化人才培养的目标与定位,为我国新闻传播事业探索一条国际化办学的新思路及新途径。

第七章

协同路径（二）：产教融合视阈中的应用型新闻传播人才培养

产学合作教育是以培养学生优良素质、综合能力和就业竞争力为重点，充分利用学校与行业、企业单位等各自优势，把以课堂传授知识为主的学校教育与直接获取实际经验、实践能力为主的生产、科研实践有机结合的教育形式。产学合作的主体间存在密切的内在联系，成功的产学合作是以共同发展为目的，以充分发挥各自优势为基础，以人才、技术、效益为纽带，促进校企研多赢的良性循环机制。高校方面，为了培养以创新素质为核心的高素质人才，需要借助企业多种不同的教育环境和教育资源，通过安排学生参加生产活动和科研方面的实际训练，提升他们的专业实践能力，激发他们的创新潜能。同时，大学的教学和科研成果通过产业化，将教学与生产连接在一起。本章通过介绍产学合作教育的发展历史、概念、模式等基本内容，以及国外产学合作教育典型案例，结合越秀产学合作教育实际，探索应用型本科产学合作教育培养模式。

第一节 》》产学合作教育概述

产学合作的产生最初是出于培养符合社会生产所需人才之目的，时至今日这种活动早已超越了它最初的目的，从教学领域发展到了技术研发、产品开发以及企业市场发展战略等领域。但是人才智力因素始终是这种合作中最核心的因素，人才的培养是持续推动产学合作的最主要动力，符合产业发展的人才是实现最终合作目的的必要手段。

一、产学合作的发展过程

在漫漫的社会进程中，随着教育和产业双方各自的发展与进步，产学合作也在经历着模式和内涵上的变化，它在合作模式和形式上发生了由单向到双向、由封闭到开放、由自发到制度、由单一到多重交加的发展与变化。

在应用型本科教育的发展历史过程中，它始终与社会生产有着千丝万缕的联系。最早的形式可以追溯到古代的学徒制，这种最原始的师带徒形式伴随着封闭的、自给自足的社会生产方式经过了一个漫长的历史发展过程。它具有全程性、以技能为中心、现场性、亲密的师徒关系以及教育效率不高等特点。

在近代，随着社会生产的发展、工业革命及二次产业革命的爆发，制度化、规模化的应用型教育形式取代了个体化的技能传承的模式，产学合作在学校教学中也逐渐步入正轨的发展道路。19世纪中后期，德国"双元制"的出现标志着产学合作成为一种技术人才培养模式在教育体系中得到正式的确认。随后在20世纪初，产生了美国的"合作教育"，它也体现了理论与实践并驾、学校教育与企业生产结合的产学合作的应用型教育思想。

第二次世界大战后，随着全球范围内经济生产的恢复以及20世纪中后期新一轮产业技术革命的兴起，许多国家和地区产业技术发展的速度都是史无前例的。生产技术的迅速变化也对技术人才的培养提出了新要求，经受过长时期考验的产学合作技术人才培养模式，被证明是一种运转灵活，能够迅速适应技术变化的最佳办学模式，因此也在世界其他许多国家和地区得以快速发展。由于各个国家和地区的不同经济发展情况，所形成的具体模式略有差异，因而这使得产学合作活动各具特色的模式。比较典型的有日本的"产学合作"、英国的"工读交替"、美国的"合作教育"及我国台湾的"建教合作"等。

不论这种产学合作在不同的国家和地区被冠以何种名称，从合作的内容来看，目前产学合作的主要类别可分为奖学金式、校企合作教学、委托培养式、在职进修、参观访问、校外实习、项目研究、专题研究、师资交流、资源共享，等等。

二、产学合作概念的演变

对于如何界定产学合作，如何表述其涵义，并无统一的、规范的标准。在早期，产学合作教育的活动主要体现在教学层次，表现为学校教育采用"工读交替"的教学制度。

随着社会生产活动与学校教育间互动的增强，这种合作不仅在内涵上经历了深入的发展，而且它在外延形式上也逐步变得丰富。最初单一的"工读交替"制度，即理论教学加上实际工作情景中实践实习的教学模式，如今已发展到由产学双方共同开辟专业、确定培养目标，共同制订教学计划，共同计划课程、编写教材，共同实施培养方案等深层次的合作。

另外，产学合作也从起先出于共同培养人才之目的，逐渐扩展深入到企业生产发展中技术战略规划、技术更新、甚至项目研究等领域。例如，经济合作与发展组织（OECD）在对产学合作的概括中就鲜明地体现出以研究为重心的形式。该组织在1999年的报告中将其会员国的产学合作归纳为7类。

（1）一般性研究支持（general research support），传统上，高校与企业界的合作关系中，企业界以捐款、成立基金、捐助设备与其他研究设施等方式，协助学校进行各项研究。

（2）非正式的合作研究（informal research collaboration），大学的研究人员与企业界就个别课题进行非正式的合作研究关系，本项合作类型在OECD的会员国中越来越普遍，而且合作成果也最佳。

（3）契约型研究（contract research），契约型研究系针对企业主本身的需求进行合作，企业界为了减轻研发经费的负担，将部分研发活动委托外部进行，以契约形式与学校合作进行特定项目的研究，使厂商以较少的经费获得所需的成果。

（4）知识转移与训练计划（knowledge transfer and training schemes），学校与企业也可以进行知识与人员的合作交流，如教师担任企业界的顾问，针对企业的研发计划或技术瓶颈提供意见；企业界通过合作计划，对大学的课程设计及研究计划提供意见。这一知识交流可以使双方的研发更有效率，企业界也可以和学校教师组成顾问团，指导学生的学习。

（5）参与政府资助的共同研究计划，为了鼓励企业界和高校拓展合作关系，OECD会员国大多编列固定预算，资助两者共同进行研发计划，特别是针对资金较不充裕且研发能力较弱的中小企业。合作计划的目的主要在于强化企业界与大学间的合作网络关系，使企业界能更有效利用学校的研究资源，并让学校的研究更具有经济性。通过两者的合作，将可加速研究成果的商品化与技术转移。在企业界研发经费不充裕的情形下，让企业的研发投入发挥杠杆效用。通过学校研发成果的技术转移与教育培训，中小企业可以获取研发经验并提升研发能力。

（6）研发联盟（research consortia），为了强化本国产业在新兴科技领域方面的竞争力，各国政府针对特殊领域的大型研发计划提供资金补助。此类型的计划必须由企业界、大学及其他研究机构，组成研发团队共同合作才可能成功，也才能得到政府的赞助。

（7）共同研究中心（cooperative research center），OECD会员国促成产学

合作的主要策略，普遍采取在大学中设立共同研究中心的方式，以整合学校的各项资源。大学与企业界的合作则是采取匹配资金或会员制的方式，企业界对中心的研究方向也具有发言权。

归纳起来，产学合作是指高等院校与企业在人才培养、科学研究、技术开发、生产经营以及人员交流、资源共享、信息互通等方面所结成的互利互惠、互补互促的联合与协作关系。从本质上看产学合作过程其实就是创新过程，或者说，就是生产要素进行重新组合的过程。在这个过程中，企业（产）、高等院校（学），以创新为目标开展各种形式的合作，致力于科研成果产业化，即将科学研究、技术开发、生产试制和市场营销一体化，从而获得产、学双方独自所无法达成的高效益。因此，它要求企业、高等院校建立起更密切的战略联盟。

因此，就今天的产学合作而言，其内涵和外延形式上已远远超出了单一的教学合作和教学育人的范围，建立于专业发展和技术研究基础上的深层次产学合作已然成为产业界所追求的模式，因此学校必须认识到这种发展趋势，实施综合的产学合作策略，最终实现育人的目的。产学合作不只是简单的教学方式，它已成为学校教育发展，特别是应用型本科院校办学发展的一条有效途径，同时也是企业界增强市场竞争能力的一件强大武器。

三、产学合作教育基本模式

改革开放以来，我国的产学合作迈出了可喜的步伐，取得了长足发展，从目前我国产学合作的实践看，按功能聚类其基本模式大致可归并为以下四类。

（一）以产学合作教育为中心的人才培养型合作模式

这是产学双方以联合培养面向生产和技术开发的应用型高素质人才，提高学生的实践能力和创新能力为主要任务而进行的合作。它以产学合作教育作为主要内容和特征，其具体合作形式包括：

（1）定向招生、联合培养。目前主要是指定向联合培养，还有一些企业通过在高校学生中设固定奖学金的方式定向吸引优秀学生毕业后就业于该企业。

（2）工读交替"三明治"模式。

（3）职工培训与继续教育。

（4）产学联合办学。包括联办学院、系或专业，或者高校进入企业集团。

（5）校企共建教学实践、工程实践和科研实践的综合性实践基地，高校和企业共同对学生实习、实践负责。

（6）校企人员双向流动和互相兼职，如高校聘请企业高级工程技术人员和管理人员担任高校兼职教授，承担一定教学任务，高校青年教师也可去企业挂职接受工程实践训练。

（二）以提高技术创新能力为宗旨的研究开发型合作模式

这是产学双方以科学研究和技术开发为"接口"，以促进科技与经济有效结合、提高企业技术创新能力为目标而进行的合作。具体合作形式包括：

（1）高校向企业转让科技成果或为企业提供技术咨询、管理咨询和信息服务。

（2）产学联合承担重大科研课题或大型工程项目，联合开发新技术、新产品或高校接受企业委托研究项目。

（3）产学共同参与由国家相关部门组织实施的产学研联合开发工程。

（4）产学共建研究开发实体，包括联建实验室、研究所、技术开发中心、工程研究中心、产学研合作示范中心、中试基地等。

（三）以联合开发生产高附加价值的科技产品为目的的生产经营型合作模式

这是产学双方以联合开发生产高技术含量、高附加价值的科技产品和谋求经济效益最大化为目的，以建立科技先导型经济实体为载体而进行的合作，具体合作形式包括：中外合作经营、技术入股（高校参股或控股）、"两头在内、中间在外"、兼并或租赁亏损企业、全面技术承包、校办科技企业等。在这种合作模式中，高校一般以技术入股并注入少量资金，企业以资金、厂房、设备入股，按照"双向投资、共同管理、共担风险、共享收益"的原则进行运作。校办科技企业是这种合作模式的一种特殊形式，也是一种校内产学合作模式。

（四）以教育、科研与生产紧密结合为特征的立体综合型合作模式

这是一种集人才培养、研究开发、生产经营中二种或三种功能于一体的全方位、综合型产学合作模式，主要形式有：

（1）产学共建高新技术产业开发区。

（2）建立大学科技园。

（3）共建松散或紧密型的教学、科研、生产联合体。

第二节 国外产学合作教育典型模式

进入21世纪以后，科学技术转化为生产力的周期大大缩短，社会越来越需要将理论知识应用化的技术性人才，实践证明培养技术人才、加速科学技术转化和应用的最有效途径是产学合作。产学合作包括学校、政府和企业三方面的有效参与，三者的位置关系取决于国家权力、市场和院校三种势力。世界上主要发达

国家在政治、经济、文化背景的相互作用下，政府、市场、高校在产学合作中扮演着不同的角色，也就有了产学合作的不同模式，给我国正在蓬勃发展的产学合作提供了一定的借鉴意义。

一、美国合作教育模式

"合作教育"是目前世界上最为普遍接受的产学合作模式之一。美国在20世纪初开始实施"合作教育"。美国国家合作教育委员会把合作教育定义为："合作教育是把课堂学习与生产中的工作经验学习结合起来的一种结构性教育策略。学生工作的领域是与其学业或职业目标相关的。合作教育通过把理论与实践结合起来提供渐进的经验。"由此可见，合作教育把课堂学习和工作经验结合起来，加强了高等教育与工商企业、劳工界和社区的合作。

合作教育的基本模式是交替模式（全职工作一般是每周 40 小时）和平行模式（兼职工作一般是每周 20 小时）；基本类型包括强制式（所有注册学生都必须参加合作教育）、任选式（合作教育作为一种选择，学生既可以选择参加合作教育，也可以选择不参加合作教育的学习型模式）和选择式（学校以学生的学习成绩为依据选择符合一定条件的学生参加合作教育）。美国提供合作教育的高校一般采用任选式合作教育，合作教育的组织模式包括社区学院和专科学院模式、本科四年制合作教育模式、五年制本科合作教育计划和研究生合作教育模式。

美国合作教育最有特色的是在社区学院内进行的职业教育，主要目的有两个，一是使学生掌握一门或几门专业技能或专业知识，为学生未来的就业和生涯发展奠定基础；二是为社区工商业培养应用型人才。社区学院培养的毕业生规格很高，能满足职业岗位的需求，企业乐于参与合作教育，企业参加合作教育的基本形式是为半工半读的学生提供实践场所和购买培训。

二、德国"双元制"模式

"双元制"是德国产学合作模式的典型，是指学生既在学校里接受普通文化知识和专业知识的理论性学习，又在企业里作为学徒接受培训，进行实践性知识的学习，将理论知识与实践知识、学校学习与企业培训紧密结合，以培养高水平的专业技术工人为目标的教育制度。在"双元制"中，企业和高校联系密切，企业在根据市场需求选择适合自己的高校后，深入参与到具体的培训课程、教学计划的制定和实施、提出合作项目，双方合作进行研发和试制，并最终推向市场。德国高校与产业界的合作关系一旦确立后，将是长期、稳固和紧密的，双方在专业招生、技术培训计划、课程设置、实验实训等方面都密切合作，非常重视实效。

在"双元制"中,学生在企业接受培训的时间占整个学时的 70% 左右,只有 30% 的时间在学校接受理论知识学习;教学内容包括通识知识的学习、专业理论知识的学习和职业技能的训练。理论教学与实践教学的安排有 3 种形式:叠加式、一体化模式和交叉型模式。交叉型模式在理论知识与实践知识的融合和掌握方面优于叠加式和一体化模式,在产学合作中交叉型模式的应用逐渐广泛起来。

三、澳大利亚 TAFE 学院模式

澳大利亚产学合作的主要方式是"新学徒制",它以英国学徒制为蓝本,结合澳大利亚自身的国情,最终形成了政府大力推动、行业积极参与、TAFE 学院为主以及教育团体相互配合的运行机制。新学徒制中,TAFE 学院主要承担培训职前和职后青年人的责任,根据产业界和企业的要求,开设灵活多样的课程,以满足社会对各专门人才的需要。"新学徒制"计划主要包括部分时间制学徒制和受训生制、完全在岗的正规培训、TAFE 学院的脱产培训以及私人培训,等等。关于新学徒制培养人才的效果,2001 年国家职业教育研究中心的报告中提到"从新学徒制直接就业的结果来看,无论是通过学徒制还是受训模式(traineeship mode)没有分别,都明显好于通过 TAFE 学院或大学本科课程一般学习的毕业生"。现在澳大利亚的产学合作逐渐建立了一种新的体制——三方制,联邦政府联合州政府、企业团体和雇主对职业培训按社会需求进行改革,形成了形式多样、对社会需求反应快速的产学合作体系,TAFE 学院在其中承担着主要的培训项目。

四、日本"产学官"合作模式

进入 21 世纪,日本国内的产业结构发生转移,国内由制造据点转为研发据点,知识密集型产业逐渐成为产业界创收的主要来源。企业的创新活动受到人才、资金、时间等因素的制约,企业不得不大量利用外部资源,加强企业的研发能力,学院逐渐成为合作的重要对象;同时,产学的合作也降低了职校实验设备、技术、资金的压力。这样"产学官"合作日益引起社会的关注。"产学官"合作的主要模式有以下集中典型。

(1) 研究层面:企业和高校的共同研究和委托培养。

(2) 教育层面:学生在企业内的实习,学校教育计划的共同开发。

(3) 技术转移层面:企业购买科技成果,或通过技术转移机构向企业转移。

（4）咨询层面基于兼职制度的技术指导等咨询工作。

（5）基于研究成果和人力资源的创业活动。

在知识经济的深入发展、创新活动的多样性、技术转化周期的缩短等形式下，日本的"产学官"合作也提出了泛多元化的要求，吸引社会各方加入到产学合作中来。

五、韩国产学研合作模式

在韩国，随着产学合作的深入，产学合作的概念也随着合作的主体、合作的类型及合作内容的不同而有不同的界定。以前的产学合作多是以共同研究、人才培养及信息交流、设施设备的共同利用等形式进行的。目前的产学合作的范围更加广泛，不仅包括大学、研究所等公共研究机构与企业间的合作，还包括政府、金融界、自治团体等多样化主体间的合作。合作的内容包括共同研究、人力开发、技术转让、企业咨询、创业等。在政策层面，国家正努力引导产学合作的形式从以大学及研究机构为中心转向以企业为中心，使合作更有效果。在韩国学术振兴财团（基金会）发布的2006年《大学产学合作白皮书》中，把产学合作界定为："为了促进学术界与企业、政府、自治团体等多样化主体的共同发展，而共同利用必要的资源，进行人才培养、技术转让及产业化、技术咨询、创业等活动。"根据合作的目的，韩国的产学合作可分为：公共（委托）研究、教育及训练、技术转让、技术咨询、创业、人力及信息的交流、器材设备的共用等，这些类型也可以几种结合在一起进行。大学方面的产学合作根据目的可分为以下几种类型。

（一）为培养人才而进行的教育

各大学主要是通过实施就业连接型教育、现场实习、委托教育、设立新世纪成长动力学院及产业学院等方式培养企业所需要的人才。就业连接型教育包括开设订单式教育与合同专业、开发企业所需要的适应型人才培养项目、利用反映企业需要的教育项目提高毕业生的就业能力、根据企业界的订购开设正规或非正规的教育课程等内容。委托教育主要包括企业界的委托教育（学位课程、提高训练课程、资格证书课程）和政府主导的委托教育（长短期的研修课程、各种提高性的训练课程、失业者项目、转职者项目、创业教育）。新世纪成长动力学院的目标是培养可以引导新世纪成长动力产业方向的革新性人才，实施提高学生创造力和想象力的大学教育。产业学院则主要对企业在职人员进行持续性的继续教育。

（二）以技术革新为目标的研究开发

该形式主要包括企业与大学共同承担人力、设施和经费进行研究（主要与政府推进的计划相关），由企业发起但由大学承担的研究活动及对企业的技术难题进行支援等。大学主要负责对企业的技术难题进行支援、承担产学合作不同层面的技术交易与中介职能、设立专门负责大学技术转让的机构、公开技术出售或专利转让的信息等。

（三）技术转让及产业化

技术转让及产业化是目前韩国大学产学合作中非常重要的内容。其主要包括利用大学的人力、物力资源进行创业支援，大学所拥有的技术和专利等知识产权的产业化及转让等。各大学所做的工作包括创办学校企业、设立创业教育中心、运营科技园区等。创业教育中心对学校的创业教育提供全面的支持，包括在大学中讲授创业理论与方法的专门教育、支援以大学及研究所为基础的革新企业、风险创业，同时集中支援有竞争优势的创业计划。

六、发达国家产学合作教育特点

（一）政府高度重视，通过财政拨款、立法等方式支持产学合作

发达国家应用型教育的健康快速发展，很大程度上取决于政府的重视，并通过立法、拨款等方式促进应用型教育的发展。政府的资金支持和法律保障是产学合作得以顺利发展的推动力。政府除了颁布法律保障产学合作以外，还需要投入大量的资金给予扶持。澳大利亚政府提供专门的经费资助提供培训岗位和接受学徒的企业，企业每雇佣一个学徒，政府将给予4000澳元的资金补助，培训机构可以获得政府的拨款。美国1965年《高等教育法》中规定社区学校有资格从"院校发展"资金中获得22%的份额；美国联邦政府每年再就业培训拨款70多亿美元，其中一部分用于开展合作教育，美国政府还设立了各种基金以促进产学合作。

（二）专业建设和课程设置以就业为导向，理实一体化的课程体系

国外高校普遍以就业为导向开发专业与课程，课程设置兼顾学生的能力培养与未来的生涯发展。许多院校开发的课程主要是面向行业企业和区域，其专业和课程设置更多地强调"应用性"和"实用性"。美国社区学院开设的课程完全是适应地区和社会的需求，课程设置多样化，能够根据经济变化与职业更替不断地为课程增加新鲜的血液。在澳大利亚，行业对于TAFE学院的影响越来越大，行业在制订教学计划和技能标准等方面具有较大的权力，使TAFE学院的专业设置、培养目标、课程结构、教学模式等方面均以行业需求为主。

（三）"双结构"型的师资队伍，多形式的在职培训

各国极为重视高校的师资队伍建设，除了要求教师有相应的学历、教师资格

证书以外，还特别关注教师是否具备丰富的实践经验。同时专职教师和兼职教师共同组成的"双结构"型教师队伍也是产学合作成功的重要保障。各国还相当重视师资队伍的在职培训。在美国，教师进修的形式和内容多种多样。教师可以在假期通过学院资助到附近大学进行年进修，可以参加短训班和研讨会进行短期进修，可以社区学院之间互换教师，一般以一学期为限，还可以几个社区联合起来举办培训班；培训内容上包括教育理论的系统化、教学方法的改进等。

（四）行业协会的监督指导作用

建立组织机构，保障产学合作的顺利开展，是发达国家产学合作成功的重要因素。组织机构一般由高职院校的教师、企业界专家和中介团体共同组成，以社会需求为依据进行专业和学科设置，使其具有较强的应用性，共同参与教学的全过程，最后对教学成果进行评估和反馈。

七、发达国家产学合作教育启示

美国以社区学院为主的合作教育是学生个体主动选择的结果，重在政府的资助；德国是重在法律保障、企业密切参与的"双元制"；澳大利亚通过政府建立的以学校为本位的产学合作；日本是以政府为主、多方参与的产学合作机制；韩国是以全方位合作的产学合作机制。这些国家不同的产学合作人才培养模式的宝贵经验对我国产学合作的顺利开展提供了重要的启示和借鉴。

（一）完善的法律法规保障是产学合作顺利开展的前提

为保障本国产学合作人才培养模式的顺利展开，美国、德国、日本等国都建立了一套完整的法律法规体系，这些法律法规对产学合作的双方起到了一定的限制和约束作用，但没有太宽泛。在制定产学合作法规后，各国根据自身的经济发展状况和产业结构，不断地对法规进行修改和完善，使高校培养的人才能适应社会和产业界的需要，从根本上保证了高校产学结合的人才培养模式的实施。

（二）课程设置以能力为本位，兼顾学生生涯发展的需求

专业建设和课程设置是体现培养目标的重要方式。产学合作的目的是培养应用型人才，提高人才的动手能力。国外企业深度参与到院校的课程设置中来，因此，高校的课程开设普遍以就业为导向，强调"实用性"。同时，有些国家的课程不仅注重学生"关键能力"的培养，也兼顾学生的"可迁移能力"，不仅根据岗位需要划分实践课和理论课的比例，培养学生上岗可用的职业技能；还开设普适性课程，加强学生综合职业能力的培养。既训练了学生的操作技能，又考虑到了学生未来生涯发展的可能性。

我国目前高校开设的课程，院校和企业之间沟通、合作很少，双方是"各取所需"，学校关注的是学生的基本专业教育和实践场地，企业没有参与到教育中来，并没有做到真正的"互利双赢"，因此，培养出来的毕业生不能完全适应和满足岗位的工作要求。在下一步的课程开发中，要尽力吸引企业的参与，使教育课程集群化，不再仅关注某一岗位的上岗能力，将人才的培养定位于岗位群，培养可迁移的综合能力。为了适应国际化和全球化的需要，还应重视计算机和外语的教学，高等教育培养的毕业生不仅是一名技术劳动者，更要能在全球化的框架中发现问题、解决问题，形成创造性、富有个性的人格。

（三）教师来源的多样化，注重教师的研究能力

高素质的师资队伍是提高教育质量的保证，近年来我国的高等教育一直在强调师资队伍建设，建设一支符合产学合作需要的"双师型"教师队伍，后来有些学者提出建立"双结构型"教师队伍，但由于受传统观念的影响，这些观念没有切实展开，教师的数量增长很快，高校却没有将重点转移到教师质量提高上来。在国外，教师的科研能力得到了企业的高度评价，这也是国外产学合作开展科研的必要条件之一，但在我国，目前大部分高校的教师难以承担合作开展科研的产学合作项目。

（四）发挥行业协会的监督、调控作用

国外行业协会的作用一般有：对与学校合作的企业给予财政支援，对不依靠大学培养人才的企业增加税金；公开由于教育水平低而不能满足企业需要的学校名单，减少对这些院校的财政支援，以提高学校的水平，进一步促进产学合作；既要加强产学双方的联系，又要增强学生的上岗操作能力和适应能力。国外的行业协会还监督政府的财政拨款，独立地制定行业和学校的标准，在产学合作中的作用非常大。

而我国的行业协会还很不发达，参与产学合作的范围也很小，主要是关注资源的捐赠。行业协会的发展需要政府立法来规定与扶持，在现有行业协会发挥作用的基础上，拓宽其职能，参与到产学合作的各个层面，比如，可以承担对企业相应的税收减免等优惠政策，调动企业参加产学合作的积极性；建立由经济界、产业界专家参加的专业建设指导委员会，在专业设置、培养目标、课程开发等方面发挥指导性作用；改革职业学校的办学模式，为产业界提供特色培训，走学历教育与职业培训并重的道路。行业协会作为无权无利的第三方主持各方的合作，发挥着管理和监督的职责，可以保证产学合作的有序进行。我国行业协会的发展还需要各方的积极关注和扶持，以进一步加快我国产学合作的进程。

八、网络传播学院产学合作教育案例

（一）基于协同创新方式的学术平台构建——绍兴市网络舆情研究中心

绍兴市网络舆情研究中心成立于 2012 年底，依托浙江越秀外国语学院与国务院新闻办中国互联网新闻中心合办的"中国互联网新闻信息管理人才培养基地"和浙江省卓越新闻人才培养计划单位浙江越秀外国语学院网络传播学院建立，是绍兴市高校唯一设置的网络舆情分析研究中心。

中心以"立足绍兴本土，辐射绍兴周边"为定位，以网络传播学院学科优势和学术团队为依托，以政府平台为支持，旨在监测和分析绍兴及周边地区的舆情事件，研究舆情传播规律，致力于打造绍兴及周边地区具有前瞻性、探索性、复合型的网络舆情研究机构，协助绍兴及周边地方政府部门认知网络舆情、进行舆情预警、提高执政能力、应对危机事件。

中心依托浙江越秀外国语学院网络传播学院教学实验中心，单独建设网络舆情分析实验室和网络运行技术实验室，实验室软硬件设备经费达 200 余万元。中心采用谷尼国际软件有限公司研发的 Goonie 网络舆情监控系统和北京灵玖中科软件有限公司研发的 NLPIR 大数据搜索与挖掘平台，形成了一套较为完整的网络舆情监测理论体系、工作方法、作业流程和应用技术，可以对各大网站、网站新闻跟帖、网络社区、论坛 BBS、博客、微博等网络舆情主要载体进行 24 小时监测，并进行专业的统计和分析，包括传播路径分析、传播媒体类型分析、正负情感分析、传播地域分析、主流媒体传播分析，等等，形成监测分析报告。针对一些重大舆情事件，中心能够实现电子邮件、手机短信和手机客户端三位一体的舆情预警。

中心依托浙江越秀外国语学院网络传播学院新闻传播及计算机师资，整合绍兴市委党校、绍兴市委宣传部互联网新闻管理中心相关研究力量，共同组建研究队伍。现有核心成员 17 人，其中教授 3 人，副教授 8 人，博士 5 人，高级职称研究人员比例达到 64%，博士比例达到 30%。中心成员在网络社会舆情、政府舆情、大学生舆情以及企业舆情方面开展了一定的研究，取得了一定的成绩。中心成员参与承担浙江省哲学社会科学重点课题《多元舆论场中党的舆情调控与引导机制研究》《网络意见领袖在"浙江最美现象"传播中的功能及作用机制研究》等省部级课题 2 项，《绍兴市网络舆情监测与对策分析》《地方政府网络舆情应对能力提升研究》等绍兴市哲学社会科学课题 2 项。在《新闻与传播研究》《政治学研究》《中国出版》等国家权威期刊、核心期刊发表《多元舆论场中党的舆论引导能力研究》等论文 10 余篇，论文被《中国社会科学文摘》《人大复印资料》全文转载。

中心成立以来积极为地方政府部门服务，产生了一定的社会影响力，中心与绍兴市委宣传部、绍兴市互联网信息办公室联合出版《网信参考》，被绍兴市互联网信息办公室授予"绍兴市互联网舆情处置实训基地"称号。与共青团绍兴市委员会开展深度合作，被共青团绍兴市委员会授予"绍兴市青少年网络文明引导研究基地"称号。与CCTV美在中视、中国安防城、网上轻纺城等重点企业签订战略合作协议，在网络舆情、企业舆情等方面开展联合研究和产业化推广。

（二）紧密型产学合作方式——中国互联网新闻信息管理人才培养基地

浙江越秀外国语学院与中国互联网新闻中心联合成立"中国互联网新闻信息管理人才培养基地"，探讨紧密型产学合作教育的方式，具体做法包括：

1. 以项目化建设为载体建立培养应用型网络传播人才的校外实践教育模式

以项目化建设为载体开展实践教育，是本基地有别于传统实习实践基地的重要创新。浙江越秀外国语学院与中国互联网新闻中心（中国网）实行项目化合作是基地建设的重点方式，通过合作编写网络传播人才培养系列教材、网站建设指导、标准化网络新闻采访直播中心、实习项目等具体的项目建设，突破传统的蜻蜓点水式的短暂实践教育模式，改革只在规定的实践岗位进行局部训练学习的习惯模式，真正实施贯穿于整个大学学习过程的网络传播人才培养实践教育体系，把学生网络实践与专业课程的教学以及实验项目结合起来。在完成建设的同时，培养学生的创新意识，拓展学生的专业技能，促进学生整体能力的提高。

2. 建立适应应用型人才培养需求的校外实践教育基地管理机制

浙江越秀外国语学院和中国互联网新闻中心（中国网）共同建立实践教育基地管理委员会，努力探索建立校企全面合作，共同负责的校外实践教育管理机制。在市场经济条件下，这样的机制更有利于实现双赢，也有利于基地的可持续发展。

（1）共同合作建立实践教育基地。浙江越秀外国语学院在北京设立专门的办事处，并委派网络传播学院一名副院长任办事处主任，专门负责与中国互联网新闻中心（中国网）的联系和合作，负责安排赴北京实习实践学生的管理。中国互联网新闻中心（中国网）按要求提供实习实践条件，并为学生实习实践教育提供专职导师指导，学生则通过在网站的实习实践完成训练任务，掌握网络传播技能，优秀的学生会被推荐就业。

同时为进一步提升实践教育的针对性和长效性，中国互联网新闻中心（中国网）和浙江越秀外国语学院共同在绍兴按照中国网的频道建立分支网站——中国网络传播教育网，延伸实践教育的地点和时间，加强学生专业实践能力的培养。

（2）加强实践基地设施建设。合作双方努力完善基地建设，提升基地的设备配备档次，增强基地实力，扩大基地作为校外实践教育场所的容量，以吸引容纳更多相关学科的学生进入实践基地学习，并准备逐步向社会开放。采取这些措施既可提高基地的两个共建单位的社会形象，也可争取资金，以便更好地建设和发展基地。

3. 建设满足校外实践教育的网络传播实践教学课程体系

浙江越秀外国语学院与中国互联网新闻中心（中国网）根据互联网人才的标准，围绕应用型网络传播人才培养的目标，按照网络传播人才的技能要求，构建网络传播实践教学课程体系。同时根据网站工作人员的岗位职能，进行岗位描述，设置安排校外实践的教学内容，并编写为实践教育服务的实验教材。

4. 共同探索培养能够进行国际传播的网络传播人才

中国互联网新闻中心（中国网）是国家重点网站、国家多语种对外宣传平台，它用中、英、阿拉伯、韩、俄、德、西、日、世界语等10个语种向世界传播中国。浙江越秀外国语学院是经教育部批准建立的全日制普通本科院校，开设英、日、韩、法、俄、德、西、意和阿拉伯语9个外语语种，是浙江省开设外语语种最多、外语人才培养规模最大的外语类本科院校。双方充分利用各自的外语优势，共同探索培养能够进行国际传播的网络传播人才，尤其是培养具有小语种优势的网络传播人才。

第三节　产教融合视阈中应用型本科院校"课证共生共长"探索

应用型本科院校的基本职能是培养面向市场一线岗位所需的技能素养较高的应用型专业人才。在产教融合发展中，课程的学习成效最终以毕业证书形式确认，而技能水平和实践能力的高低，最终要靠职业资格证书来进行认定。课证共生共长是指在教学和实践过程中，把专业学科教学与职业资格培训相结合，使学生的知识诉求和职业需求一同得到有效满足，并得到校企认可。共生即相互吸引、有效共存，共长即协同成长、稳步发展，两者是课证融合的两个主要阶段，唯有在产教融合中审视并推动课证共生共长，才能真正体现应用型本科院校的职能优势。

一、当前应用型本科院校"课证共生共长"存在制约性问题

不同于传统产教融合模式下教学与生产环节的前后衔接,课证共生共长是将课程教学与资格培训相结合、将人才生产与岗位再生产相结合、将职业资格体系与教学管理体系全面结合,是全方位的综合性融合,不是某一环节、某一方面的交叉融合,因此,对于应用型本科院校而言,要成功实现课证共生,不断促进课证共长,需要克服众多制约问题。

(一)标准设定不统一

要实现课证有序融合,需要"度量衡"的一致性,即设定明确规范的共同标准指标。而由于课证共生发展起步较晚,经验不足,很多应用型本科院校仍然处于摸索状态,导致因标准不一制约了两者融合。一是标准理念不一致。部分院校仍然热衷于传统产教融合模式,将校企合作放在融合发展首位,对学生更加关心的双证认识不够、重视不多。有些应用型本科教师坚持认为专业教育高于一切,拒绝和抵触职业资格内容的吸收,导致两者无法有效融合。二是标准规范不一致。目前我国职业资格仍然处于标准不健全,条块管理、行政管控比例较大的阶段,缺乏系统性的职业资格认证标准,这就导致资格证的权威性受损。而在职业教育中对教学成效的评估仍然坚持多元化指标体系,与资格证标准缺少接驳端口,导致课证难融合。

(二)配套资源不到位

目前的应用型本科院校中,应用型本科教师占据较高比重,具有行业岗位实践经验、职业从业经验的比重太少。双师力量的不足直接影响了课证共生共长的实现。一方面,对于现有应用型本科院校学生数量而言,专业教师的数量配比不足;相对于当前应用型本科院校教学任务而言,专业教师急需进行学习充电不断提升,这就导致教师资源连本职专业知识的传授都稍显不足,无法分配出一定额度去进行职业资格教学前的实践培训。另一方面,产教融合的发展在应用型本科院校仍然停留在学生的实习基地建设和就业岗位输送,校企合作的深度广度不足以使企业提供相应资源,来对专业教师进行有针对性的顶岗培训。两种因素交织下,应用型本科院校的师资"引进来、走出去"均不完善的前提下,就会导致课证共生流于表面,满足于一次实习、两次培训等,难以承担起课证双师的重任。

(三)融合实践不完善

当前的应用型本科院校课程,与职业资格培训有着一定差别,两者的侧重

点还存在脱节的现象。一是课程内容重知识、轻素养。目前的应用型本科教育很大程度仍是以应用型本科知识传授为主，将课证教学片面理解为相关知识点的死记硬背，要求学生对应考内容熟练掌握，对知识与职业的关系、职业发展的诉求、职业道德行为不够重视。二是课程结构重层次轻整合。课证共生是对专业知识与职业培训的充分整合，而有些院校坚持认为职业资格内容会打乱原有应用型本科教学节奏，仍然严格按照应用型本科教学的阶段性进行教学，使课证脱离，课为主、证为辅，最终培养的人才知识结构"四不像"，无法适应社会行业发展的需求。三是融合过程重理论、轻实践。一般可将教学分为理论课与实践课，将职业资格学习分为理论部分和实务部分，两者都需要知识与实践应用的深度结合，但是有些应用型本科院校由于产教融合平台不健全，导致实习实践机会不多、技能锻炼不够，或者实践过程中没有对职业技能进行细化分类、对教学知识进行系统分解，而是完全服从企业岗位需求，导致课证融合的实践与理论脱节。

二、以产教融合为基础推动"课证共生共长"的发展策略

实践证明，产教融合是课证共生的前提条件和生态环境，而课证共长能有效促进产教融合。传统意义上，应用型本科院校的人才产品供大于求会导致教育资源浪费，削弱发展潜能。供不应求会导致经济发展滞缓、生产效率下滑，人口红利削减。唯有充分产教融合，才能真正推动课证共生，继而共长。

（一）构建多元助力体系，着力解决"标准设定不统一"的问题

1. 以政策统一确保课证共生

产教融合下的课证共生共长，作为一个新兴跨界事物，离不开政策的完善和推动。从政府职能来看，职业资格证书的获取和职业能力培训主要属于继续教育范畴，而应用型本科院校作为高等职业教育的主体，要获得职业能力培养的资质，就需要政府修订原有公共服务职能从属，将职业资格培训中的部分内容合理确定为应用型本科院校教学内容。从政策落实来看，当课证共生得到政策支撑，那就需要对相关主体进行梳理划分，对各方利益诉求进行统筹考虑，并在此基础上研究制定相关利益分配原则、实施推进的相关计划等。从监督保障来看，课证共生作为产教融合的一个典型模式，其实是将本来由应用型本科院校承担的毕业生无法就业的风险，分担给用人单位和职业资格管理部门。

2. 以专业统一促进课证互融

要实现课证互融，首先需要应用型本科院校从课程设置上进行融合准备。一方面对学科进行优化配置。转变传统知识至上的理念，将岗位需求和职业发展作为学科设置的主要因素进行考虑，按照行业发展规划和人才结构诉求，将应用型本科院系的选修课进行有效调整和重组，健全进退增减机制，使符合职业能力发展的课程尽快设置并投入较多资源，使纯学术理论、与职业发展不相契合甚至已经老旧过时被淘汰的课程，尽快退出。另一方面对课程进行有效组合。课证融合的内容，是基于产教融合的发展脉络，按照行业发展中形成的职业水平、标准、要求，对原有应用型本科知识点进行增补删减，不断引入最新前沿技术手段，使学生所学即所需、所学有所用，这样一来，学生获得的双证含金量也会得到不断提升。

3. 以行业统一提供岗位认可

对课证共生共长而言，产教融合下的行业认可度是检验教学成效的主要指标。因此，必须以企业诉求为主要导向，充分发挥行业优势，为学生的双证提供强有力的背书。一是要发挥行业岗位风向标作用。在课证共生共长发展中，吸引行业团体、重点企业深度参与建设，提供精确的市场形势分析、前沿技术手段、行业职能水平等信息，使应用型本科院校的应用型本科教学与职业资格高度一致、圆满对接。二是要发挥行业岗位平台作用，运用合理利益分配机制，吸引企业提供生产与教学一体化的行业岗位，为学生实习实践、开展职业实务学习提供平台和资源。三是要进行师资互通流动机制，大力推动学徒制教学，吸引行业专业经营人才兼职教学，派遣业务骨干到企业顶岗实践学习，从而有效促进课证共生共长下的双师建设。

（二）充分把握三个结合，着重解决"配套资源不到位"的问题

1. 课证共长与资源调配结合

要实现课证共长，必须紧密结合产教融合发展的理念和手段，使其思维相通、目标相同、措施相近。一是用好应用型本科院校产教融合的独特优势。应用型本科院校与市场企业有着千丝万缕的联系，从技能实践到技术引进，从订单培养到师资培训，作为用人单位的人才蓄水池和加油站，应用型本科院校拥有丰富的企业资源和联络渠道。同时，作为职业教学的主体力量，应用型本科院校与职业能力培养有着深刻关联，在机构设置、政策制定上与职业资格制度有着较深渊源，应当利用这一优势，将课证共长作为应用型本科院校自身品牌建设的重要内容，加以有力推动。二是用足应用型本科院校产教融合的

现存资源。相比课证共长，产教融合有着较长发展时期和成熟推进机制，应充分依托这一点，将课证共生共长定位成产教融合的现代模式加以推进，在原有校企合作框架内增加双证内容，紧密结合现有订单教学、学徒模式等开展双证融合。

2. 在校学习与职业培训结合

在产教融合背景下，作为人才产品供求双方的不同诉求，课程教学与职业培训内容也有着异同点，要实现二者结合，就必须求同存异、不断创新。一是推动应用型本科教学创新。要加大教学模式的转变，改变原有以培养合格毕业生为导向的教学方式，不断探索以行业岗位精英人才为方向的培养模式，将学生学习过程有意识地逐步转变成"学习＋工作"的过程，在其中渗透职业发展历程、职业道德规范、职业能力需求等元素。二是不断丰富职业资格元素。提高应用型本科院校师生对职业资格证书的认同度，在进行教学研发、教材开发时，要把职业资格考试中所需要的知识体系，进行合理分解，精准投入原有应用型本科知识教学中，重新建构起一整套课证教学体系，设立教学层次和阶段，明确教学目标和任务，科学设定理论实践的比重。

3. 校内资源与社会力量结合

产教融合是应用型本科院校走出校门、面向社会的重要平台，也是广泛吸纳社会各类资源共同提高教育质量的必要路径。课证共生共长必须要注重在夯实自身发展根基的同时，注重借助外力。首要的一点就是广泛引入多元主体，依托职业资格的行业分类，将涉及主体尽可能全面地吸收和引进课证共生框架中来，引入社会资源，形成发展合力。比如，发挥政府的指导作用，积极寻求教育主管部门出台课证发展的利好政策，并对现有模式进行改良创新；发挥市场企业的主导作用，建立动态沟通协商机制，将企业岗位需求状况与人才诉求及时梳理，转化为课证融合的发展发现；发挥行业团体的助力作用，通过专家学者对课证融合进行的客观评析，建立相对公正的利益划分机制等。与此同时，应用型本科院校必须坚持自身品牌状态，遵从教育政策方针和教育发展规律，使课证共生共长成为院校发展壮大的重要品牌。

（三）打造产教融合生态环境，着力解决"融合实践不完善"的问题

1. 更新课证教育内容，满足产教融合诉求

应用型本科院校的产教融合有自身特点，特别是在内容对接上，需要把时代发展和社会需要的最新颖、最前沿的技术手段吸收进来，从而使学生获得的知识符合市场需求、顺利取得职业资格和毕业资格。具体来说要满足三方面诉求：一

是基本理论概念的对接需求。职业资格标准对行业知识有着明确要求，特别是对职业基础知识要求熟练掌握，这一点与专业学科的教学内容基本一致，在基本理论上可以实现完美对接。二是行业发展史的对接诉求。职业资格考评中对某一行业发展历程的测验一直是重要内容，对发展历程中的各个阶段创新技术和管理手段，都要求学生清楚认知并掌握，而这一内容在应用型本科院校教学课程中可以得到系统梳理传授。三是职业素养的培育诉求。无论是应用型本科教学还是职业培养，都高度重视职业道德水准，要求毕业生具有相对较高的职业品质，这一趋同性也是课证共生共长的重要发展方向。

2. 打通共生共长环节，用好产教融合渠道

应用型本科院校的产教融合体系，宏观上看包括校内外两个平台、院校和用人单位两个主体、课程教学与实习实践两个环节，但从应用型本科院校内部教学管理来看，产教融合就是在学生经过教学培养、实践检验后，成为拥有双证乃至多证的高技能人才。因此，课证共长下的主体、平台与教学环节均与产教融合相契合，成为应用型本科院校提升教学质量、创新人才培养模式的重要手段。可以说，课证共长是产教融合的必经之路。教学的目的是应用，职业培训的方向也是实践，学生仅具有代表专业合格的毕业证，无法直接入职技术含量高的岗位，也就无法体现产教融合的成效，只有兼具专业与职业双重资格，才能确认为符合人才培养和岗位用人双方的合格标准，继而投入市场应用。

3. 发挥考核评价作用，助力产教融合实践

现有的应用型本科院校产教融合，有着相对丰富的考核评估指标，不仅要对人才输出质量进行评价，也要对人才应用情况进行考核，最终形成综合性的系统评价。而课证共长是对产教融合实践元素的综合考评，具体表现在两个方面：一是课证共生是对产教融合考评链条的缩短。原本需要在毕业生进入岗位后，或在毕业后走上岗位前，经过单独的职业培训和学习，取得职业资格证书，作为个体职业能力的象征。在课证共生中被合并融入教学过程，使学生的职业能力提前被考评认可，减少了重复考核的资源浪费。二是课证共长是对产教融合持续成效的考评。对应用型本科院校产教融合持续开展成效评估，一直是院校管理的难题。在教学与职业资格双重内容、双证设置后，能够将教学成效考评期有效延长，与职业资格的继续教育同步，从而促进产教融合的良性发展。

第四节 >>> 业界视角下的新闻传播教学探索

根据中宣部和教育部部校共建新闻学院互聘交流项目的统一安排，2015年起，本书作者受中共绍兴市委宣传部和绍兴广电总台的委派，赴浙江越秀外国语学院网络传播学院挂职任教，分别为学生开讲《新闻学概论》《媒介融合概论》和《广播电视新闻采访与写作》等课程。梳理一年多来的教学实践，笔者认为，要改变当前我国地方高校新闻传播学科教学脱离实践、不讲应用、忽视学生实际动手能力等现状，教师就必须配以生动的具体案例作讲解，杜绝拿着教材照本宣科的做法，并与学生开展广泛的互动交流。尤其是那种陈旧老套的填鸭式教学方式必须摒弃，否则会影响学生独立思考能力和创新能力的正常发挥。为此，笔者觉得有必要从业界视角对地方高校新闻传播教学做一番探讨。

一、采用最新案例，诠释枯燥概念

在传统媒体与新兴媒体融合发展的新时期，教师更要把握时代脉搏搞好新闻传播学科的教学，用丰富的现实案例来诠释枯燥的概念。新闻传播是应用性和实践性都很强的学科，教师在课堂教学中运用的案例不但要用最新的，而且最好还是要多用本地的。这样的案例有接近性，学生容易接受。据了解，如今有不少教师还在用10多年前的案例从事教学，导致学生对学习新闻传播学课程没有多大兴趣。

（一）分析新闻作品引发学生积极思考

"无论是具有时代性的案例还是具有经典性的案例，都有可能将特定的理论与具体的新闻实践联系起来，使学生在解释现实生活、分析社会现象的过程中获得自己真切的知识，即内化了的知识和能力。"由于新闻传播学科的特殊性，教学中用最新的案例，学生在学习时就会有一种新鲜感。笔者在开讲每堂课之前，都会寻找最近发生的重大新闻事件作为具体案例做进PPT里。有时下午的课会用上午的新闻事件当作案例，以此来对一些枯燥的概念和定义进行阐述，结果是学生容易接受并且接受快。对一些刚刚发生的重大新闻事件，笔者还让学生们在课堂上进行即兴评论，一方面检验学生对新闻事件的看法，另一方面是让学生对新闻作品进行解读、分析和评议。要使学生成为课堂的主人翁，充分发挥他们的主观能动性，变被动学习为主动学习，并在学习中进行积极思考。这个时候，教师要有高超的课堂驾驭能力，不仅仅是讲授，还要耐心地倾听、启迪和引导。

(二)鼓励学生对传播新现象发表见解

为了让学生们能深刻理解基础理论课中的基本概念、定义,牢固掌握这些学科的相关知识,笔者在课堂教学中采取理论联系实际的做法,用讲案例、讲新闻故事、分析新近发生的报道等方式,对枯燥的书本内容进行诠释。在教学过程中,不是采用填鸭式的单向灌输,而是根据教材的相关章节和课程的具体安排,让学生来首先回答问题,然后在此基础上做一些纠正和补充,再展开进行深入的讲解。为此,学生对这些课程的学习有很大兴趣。对于一些典型案例,教师要鼓励学生大胆发表各自不同的见解。如天津港首次大爆炸的视频,为什么不是专业记者拍的,而是网民拍摄的;在媒介融合进程中,传统媒体与新兴媒体如何在内容和渠道等方面进行深度融合?对天津港首次大爆炸视频,传统媒体怎样进行"多种生成、多元发布"等。这种启发式教学方法,有利于学生养成独立思考能力。

(三)播放案例片帮助学生理解教材内涵

"通过案例分析达到对理念问题的解决。学生不是死记硬背教科书上的条条框框,而是通过个案解剖和练习掌握理论的精髓,在通过案例分析还原理论产生的过程中,学会发现和归纳理论的方法。"学新闻传播专业的在校大学生,去媒体实习过的毕竟是少数,如果不用具体案例来配合讲解,他们对教材中的一些枯燥概念就难以理解。如"硬新闻"与"软新闻",按照课本上的定义硬新闻是"关系到国计民生以及人们切身利益的新闻",软新闻是"富有人情味、纯知识、纯趣味"的报道。笔者在讲了区别是前者体现在题材较为严肃,为人们的政治、经济、工作、日常生活的决策提供依据;后者是向受众提供娱乐、帮助开阔眼界、增长见识、陶冶情操,或作为茶余饭后谈资的同时,还在课堂上播放案例片,让学生对此有个感性认识。

(四)传授新闻学原理要用形象化手法

对新闻传播学科的教学,教师不能从概念到概念进行空洞的说教,而是要理论联系实际,形象化地向学生传授基本原理,让学生掌握最实用的媒介知识。尤其是在讲基础理论课时,为了让学生能更好地理解教材中的一些定义和概念,就更应该采用一些形象化案例来进行诠释。结合教材讲解具体案例,既可以充实教学内容,又能增强学生学习的兴趣,激发他们的学习积极性。

二、延伸教材内容,活跃课堂气氛

"以前大学生获取知识的途径是通过书本和教师的传授,书本上写什么学生看什么,老师教什么学生学什么,而新媒体以广阔的信息量吸引着当代大学生群体,大学生已不再满足于被动地接受书本和老师传授的知识,而是积极主动地通过手机、电脑等网络终端获取知识。"在全媒体传播格局中,教师就不能脱离信息时代、脱离新闻实践,从书本到书本,而是要对教材进行补充、延伸和拓展。

(一)将学术成果植入课堂

在新闻传播学科的传统教学模式中,许多教师往往只局限于教材的基本内容,但教材作为成熟的理论产品,通常会滞后于生动的实践。在新媒体发展日新月异的情况下,教师也应该及时向学生介绍最新的学术研究成果。"作为新闻传播专业教师,不仅要将学术研究成果植入课堂,也要把沉淀多年的创作经验以及与业界密切互动的思考融入课堂,将课堂更新置于媒介发展、业界变革的语境中,将知识结构与实践体系相结合。"为此,笔者在课堂教学中,在对教材进行诠释、补充的同时,也把自己最新的学术研究成果与学生分享,努力扮好既具备实践教学素质又具备理论教学素质的"双师型"教师角色。

(二)身手并用讲好新闻故事

"传媒学科的前沿性和实用性,一方面使得高校教育、理论培养与新的技术、新的观念有一定的脱节和滞后,另一方面又强烈地使得传媒教育人才培养上不得不面临观念转换大、技术更新快的挑战。不管是国内和国外高校,都意识到传媒教育'闭门造车'已然实属下策,必须与市场、与社会、与技术机构实现对接和联合。"教师要通过讲故事、说笑话,并配以丰富的面部表情和形体动作来活跃课堂气氛。如笔者在为学生讲到电视新闻稿与画面游离导致"两张皮"现象时,就讲了一个"残疾人自强自立表彰会"的故事。某电视媒体有两位记者去采访一个"残疾人自强自立表彰会",一个人负责摄像,另一个人负责写文字稿。摄像记者在剪辑画面时把出席会议的领导放在前面,文字记者在写稿时开头是介绍受到表彰的10位残疾人。结果领导画面出来时,对应的解说词是介绍残疾人;残疾人画面出来时,对应的解说词是介绍领导。幸亏编辑在审片时发现了这个问题,才不至于播出时闹笑话。这样的案例介绍,既能吸引学生的注意力,又使他们对电视新闻的声画关系有了深刻领会,了解到电视新闻稿的写作既是为听而写,又要为看而写。"听"与"看"的结合,使电视新闻稿写作既不同于广播新闻的为了"听",又不同于报纸新闻的为了"看"。讲故事、说笑话的目的是为了让学生更好地理解教材的内涵。其实,讲课与演讲有点相似。"真正的演讲,绝对不能捧着稿子念,应该像列宁那样,把双手解放出来,把头抬起来,用眼睛和丰富的表情与听众进行交流。"就教师的讲课风格而言,有时也要学一学喜剧演员,面部表情和形体动作全部都跟上。

(三)在课堂教学中也要注重导向

由于新闻传播学科与政治及社会的关联度比较大,因此课堂教学也要讲导向,对某些西方传播学说,教师在教学过程中要以马克思主义新闻观进行审视、分析和解读。只有结合国情,从实际出发,以本土化的新闻传播学理论来指导学生,才能帮助学生形成正确的新闻传播理念。大学期间正是年轻一代世界观、人生观、价值观形成的重要时期,现在有的教师口无遮拦,什么话都敢说,什么话都会说,这会对学生产生很大影响。因此,教师运用教学案例时要经过精心选择,尽量多采用能传递正能量、反映社会主义核心价值观的事件和人物来进行讲解。

三、开展互动交流,增强教学效果

"建设师生共同学习的'开放式课堂',确立学生在教学活动中的主体地位,以开放包容的态度实现师生之间的教学相长,是教育行业正在发生的变革与转型。"学新闻传播专业的大学生一般思想比较活跃,教师对他们的教学不能满堂灌,要与他们在课堂上开展互动交流,以此来增强教学的实际效果。

(一)教师要尊重和平等对待学生

缺少师生互动的课堂,实际上是枯燥的课堂、单向灌输的课堂、学生不感兴趣的课堂、教学效果很差的课堂。"课堂是学生的天地,教师只不过是点拨者,起到组织学生学习的作用,而不是灌输知识的机器。"教师不能实行填鸭式的教学,而是应该采取启发式的双向互动。"怎样把握课堂的时空观?也就是说老师在45分钟时间里和一个教学课堂的空间,很好地处理老师与学生的关系、提问与回答的关系、理论与案例的关系。"要想让学生喜欢听教师的课,教师就要放下架子,与学生开展平等的交流,并根据学生学习状态的变化,及时调整教学方法,不断满足学生接受知识、探索知识的需求。尤其是在上大课的过程中,教师不一定都要站在讲台上,也可以经常走下来,既要身子走下来,更要把心放下来,全身心地融入学生之间,与学生一起对新闻传播现象进行共同探讨。师生之间只有相互尊重,才能真诚交流、教学相长。在学生答错问题时,作者从来不讥笑挖苦,而是先肯定答对的部分,再从正确的方向进行引导。在课堂上对学生的提问,既要有针对性,又要有启发性,便于学生进行发散型思考。

（二）允许手机进课堂作为教学工具

现在的大学生，上课时都会带手机，有的教师禁止学生在课堂上使用手机。但笔者认为，对于新闻传播专业的学生来说，手机也可以作为学习的主要工具。在讲解一些新闻作品时，笔者会让学生用智能手机上网搜索相关报道，并要求他们对各种媒介就同一新闻事件的不同报道进行比较分析、交流和讨论，以此来加深他们对课堂知识的理解。对学生的见解，教师要认真倾听，及时捕捉其中的要点并进行点评。当然，点评是有讲究的，要恰到好处，以启发和引导为主，不能说伤害学生自尊心的话，不能打击学生的自信和学习积极性。

（三）要求学生主动参与课堂讨论

课堂气氛轻松愉快、和谐融洽，学生就能主动参与课堂讨论，有利于他们思考并取得良好教学效果。其实，学生的学习兴趣通常与教师的教学形态有很大关系，而教师的讲课思路也会受到学生课堂表现的影响。为此，要建立融洽的新型师生关系，教师就必须尊重学生，平等地对待学生，把教学当作互教互学的过程。由于进行了广泛的互动交流，因此笔者所教学生的学习积极性非常高，课堂教学过程中经常会出现学生与教师激烈探讨某一个问题的情况，课堂气氛民主、活跃。课后，有不少学生还主动要求教师帮助指导选择参考书，以不断拓展新闻传播方面的知识范围。

四、传授实战经验，培养动手能力

新闻传播学科既是"学"，更是"术"。笔者认为，在传授"学"的同时应该注重对学生"术"的训练，而作为来自业界的教师，更重要的就是必须多向学生传授实战经验。培养学生的基本动手能力应该体现在采、写、编、评、摄等方面，只有为学生提供更多更大的实践机会，才能提高他们发现新闻、判断新闻、报道新闻的实际能力。

（一）布置作业让学生在课后多练手

为了不使新闻传播教学理论与实践严重脱节，教师除了要在课堂上传授实践经验外，还应该让学生在课后多练手。限于条件，目前有许多学生还无法到新闻媒体实习，只得在平时多注重训练。为此，笔者经常给学生布置新闻稿件写作方面的作业，要求他们多留意身边的新闻事件，动手写作各种体裁的新闻稿件。与此同时，还要求学生在课后利用移动终端了解国内外重大新闻事件，利用课堂上学到的知识对新闻作品进行评析，并根据现实生活中具有新闻价值的事实，写一些不同体裁的新闻稿件。

（二）避免教学内容与实践的脱节

现在，许多地方院校开设了新闻传播专业，但大多侧重于理论教学而忽视实践传授，课程设置的实用性不强，学生学到的知识与业界的实际需求不相符。"日益变革的媒介环境，新闻传播格局的不断变化要求对现有新闻教育课程体系进行有针对性的调整和完善，使其更好地促进学生的发展，更好地与市场需求接轨。"按理说，新闻传播专业的学生毕业后，应该成为一个合格的新闻工作者，但事实并非如此。笔者曾承担过2014年绍兴台记者编辑招聘考试的阅卷工作，考卷中有一道题是让考生根据给定材料写一篇广播电视消息稿，要求是新闻要素齐全，并具有广播电视新闻稿的特色。但许多考生在做这道题时，写的稿件一开头就是"本报讯"，内容则是从给定材料中摘抄一段，行文中也没有广播电视新闻稿独有的口语化特征。这说明现在部分高校的新闻传播教学与实践存在严重脱节。

（三）根据媒体实际需要培养合格人才

现在的媒体，对新闻传播专业毕业生的要求越来越高，既看重学历，更在乎他们的实践能力。"羊城晚报社社长刘红兵认为媒体现在迫切需要三类人才：一是具有研究分析能力的人才，这类人才能够对国内外典型案例、媒体市场和传播技术前沿有分析研判的能力；二是具有'跨界'能力的人才，传统媒体转型的实践证明，内容再造要求我们必须有能力'跨界'；三是具有创新意识和创业能力的人才，既要有问题意识，也要有解决问题的思路和能力。"要将课堂知识转化为学生的实际动手能力，只有通过丰富的实践。当然，注重学生的实际动手能力，是要求学生既掌握理论知识，又能以理论指导实践。这样的学生毕业后才能受到用人单位的青睐，也才会在社会上具有竞争力。

（四）拓展学生的专业实践平台

"美国哥伦比亚新闻学院的教学理论讲授很少，学生基本上被当作记者和编辑，教授是主编，实验室便是新闻工作室，而每个学生也会被分配到一个社区蹲点，像国内媒体的记者站一样，每人负责报道该地区的所有新闻。"要创新新闻传播学科的教学形态，除了课堂教学以外，还要不断拓展学生的专业实践平台，让学生们走上社会、深入生活，通过手机视频拍摄等手段，对新闻事件和新闻人物进行采访，提高学生的专业素养，把死的知识变活。有人认为：一是要充分利用校园媒体资源；二是要加强校外实践基地建设；三是提高专业实验室与实验设备的使用率。

总而言之，地方高校新闻传播专业要培养出媒体需要的合格人才而不是背书的机器，课堂教学是一个必须改革和创新的重要环节。只有注重案例教学、延伸教材内容、开展互动交流、追求动手能力，教师把每一节课都当作精品课来讲，才能使学生学到知识、增长才干、有利就业。而作为来自业界的教师，更要在讲解理论课的同时，传授实战经验，为全媒体时代培养更多党性原则强、理论知识丰富、思维反应敏捷、有实际动手能力的复合型新闻传播人才。

第八章

课程路径（一）：一流课程视野下的新闻传播教学改革

新闻传播学本科一流课程教学模式的构建是基于本科一流课程教学培养目标和教学思想基础上的一种探索。这种探索立足于当前信息化社会、人工智能技术、全球化趋势三大背景，融合媒体快速发展倒逼课程教学改革的实际情况，充分借鉴信息加工理论、认知心理学理论、社会交往理论、行为主义心理学理论和建构主义等教学思想，构建起信息加工教学模式、人格发展教学模式、社会交往与实践教学模式、多模态化教学模式四种教学改革模式。这四种教学模式互相交叉融合，构成体系。

第一节 四位一体：新闻传播学本科一流课程教学模式探索

教学模式是在一定教学思想或教学理论的指导之下形成的，用来规范教学行为、完成教学任务的一种教学范式，主要包括理论依据、教学目标、教学程序、教学条件、教学评价等五个基本内容，构成教学模式的基本框架。教学思想既具有一定的稳定性，又是一个随着时代的发展而不断优化的动态过程，它是时代精神的一种投射，具有创新价值。一流课程教学模式是在一流专业教学思想指导之下，依据一流的教学理论逐渐建构起来的一流教学范式。新闻与传播学专业有必要考虑到当前信息化社会、人工智能技术、全球化趋势这三大背景，确立一流的教学目标，一流的课程规划，一流的操作程序和评价体系，建设一流的师资结构、教学条件、教学内容、教学环境，培养学生一流的学习能力。

2018年11月24日，教育部高等教育司司长吴岩提出一流"金课"的三大标准：高阶性、创新性、挑战度。"高阶性就是知识能力素质的有机融合，是要培养学生解决复杂问题的综合能力和高级思维。创新性是指课程内容要反映前沿性和时代性，教学形式呈现先进性和互动性，学习结果具有探究性和个性化。挑战度是指课程有一定难度，需要跳一跳才能够得着，对老师备课和学生课下有较高要求"。

一流"金课"标准规制着一流教学模式的结构和教学计划的构建。本书按照新闻传播学专业本科一流"金课"的标准，使用建构主义思想和认知心理学基本理论的成果，探索新闻传播学专业本科一流"金课"课程教学模式，首先，以学生的成长、发展为核心，顺应大数据信息技术发展趋势和网络化学习渐成主流的语境，培养出能力导向适应融媒体需要的、德才兼备的高阶性与创新性人才。其次，培养出来的人才具有正确的价值观念，能完成具有挑战性的任务。最后，要建立聚焦于提高新闻舆论的传播力、引导力、影响力和公信力的人才结构。

一、信息加工教学模式

信息加工教学模式的理论基础是信息加工理论（Information Processing Theory），主要解决的问题是：针对当代学生的注意、选择和接收信息的特点，选择合适的信息编码方式，通过教学模式传递高阶性、创新性知识和技能，使其知识信息内化于脑并组织在既有的认知结构里，在需要的时候能灵活利用这些信息来指导自己的决策和行为。

这种教学模式借鉴了认知主义心理学和行为主义心理学的一些研究成果，适用于专业基础知识和基本技能的学习，主要用来训练学生的高级思维模式，它包括四个阶段：首先，通过"图式化"方式构建起知识学习的框架和标准。其次，通过"同化"策略引导学生把新知识信息转换到已有的认知结构，与已有的知识信息融合在一起。再次，当原有的认知结构无法同化新环境提供的信息时，使用"顺应"策略，重组和改造固有的认知结构，使其顺应外部环境的变化，构建接纳新知识体系。最后，通过"平衡"策略，鼓励学生主动探索新知识，调节好已有认知结构和新知识之间的矛盾，不断构建新的知识框架，平衡新知识和旧有认知结构之间的矛盾，形成新的认知结构，为下一阶段的知识学习做好准备。

（一）训练高级思维模式并形成解决复杂问题的能力

通过"图式""同化""顺应""平衡"四个阶段，不断训练学生的思维方式，逐步达到高级思维模式，形成固定结构，指导后期的学习活动。使用信息加工理论来统领知识学习的八大步骤，让学生在知识学习的过程中掌握解决复杂问题的能力。这八个步骤分别是：激发学习动机、领会学习内容、获得新知识、新知识融入记忆框架、唤醒旧知识、书面或口头概括学习内容、反复实验、知识反馈和总结。它们之间有先后顺序，但是在实际学习过程中，可以循环往复、交叉融合，这是解决复杂问题时不可缺少的综合性过程。即使到了最后的反馈和总结阶段，学生也会回溯到前面的相关阶段。每个阶段都有规定性的高级思维模式训练任务，解决复杂问题。学生首先要回到"图式"化知识结构里，寻找当前学习的知识坐标，在宏观框架里精准定位每个阶段的知识点。其次是通过回忆唤醒现在的认知系统，接纳新知识，完成新、旧知识融合的能力训练，这就是教学模式中的"同化"策略。再次，当学生遇见难题的时候，就会苦思冥想，寻求解决策略，启动认知结构中的"顺应"机制，重组并改造原有认知结构，形成新认知，产生"创新性"结果，完成挑战性训练。最后，在完成每个阶段任务的过程中，新知识融入并改造旧知识结构，获得新的"平衡"，成为下一轮高级思维模式训练的新基础。根据学生的认知学习规律，这样"四阶段八步骤"的训练需要设计好富有节奏感、具有挑战性的学习任务，激发学生学习的成就感。相关研究表明：任务的挑战程度与学习的成就感成正比例，高挑战任务的完成不仅能重塑学生旧有的知识和能力结构，还能激发学生新的学习动机与学习行为。

（二）运用"情境性教学"法

在新闻传播学本科教学阶段，概括性知识的学习不能是单一的抽象性理论，需要结合一定情境，把所学知识与任务情境结合起来，让抽象知识的学习具象化，增强形象性特征，降低老师教学设计时知识信息编码的难度，提高学生学习时译码的效率，增强学习效果。情境性教学可以是团队化的项目，也可以是个性化的项目；可以是真实场景，也可以说是虚拟场景；可以是情景代入式，也可以是角色扮演式。

在信息加工教学模式中，"情境性教学"方法可以分为四个阶段。第一阶段是通过外界的刺激激发学生的注意力，引导学生把注意力集中到课堂教学内容中，这种外界刺激能够通过学生的感官器官，转化成神经信息，迅速传输到学生的神经中枢系统，产生兴奋，这个过程很短，但是非常重要，可以是一个新闻故事、一个新理论、一个新现象、一个新问题或一个与授课内容有关的滑稽表演等。

第二阶段是信息编码过程。教学过程就是在不断地编码、解码的互动过程中完成的，这需要运用一些传播学理论与实践。从课堂授课过程来看，信息编码阶段包括备课和授课两个步骤，多模态编码是新闻传播学课程教学的优势，也是一种挑战，不仅要丰富多彩，还要学生能懂能记，难易适度。这种编码过程包含着两种富有创造性的活动，第一种是对短时记忆中的信息进行精细加工和积极转换；第二种是对大脑中原有的信息结构进行重组或改建。"情境性教学"对老师的编码水平要求非常高，无论是项目化教学，还是翻转课堂，其目的就是让学生以直观的、亲身参与的方式体验抽象化的知识系统，完成言语传授无法准确完成的任务。

第三阶段是储存信息过程。信息编码的目的是让学生把知识长期储存到记忆系统之中，需要调动学生既有的认知结构和学习的积极性，促使学生迅速完成信息加工，完整地掌握课程信息，有机地融合到原有的认知结构中，更新旧有信息库，进行有效储存，以备后期学习过程中能够顺利检索并提取出来。

第四阶段是提取信息过程，主要是通过回忆和再现的方式把储存在长时记忆中的信息提取出来，与新知识进行有机整合，与老师或同学进行及时互动交流，生成新知识。信息被提取的速度、准确度主要取决于记忆痕迹的强弱度和长时记忆信息能被激活的品质。

（三）运用案例教学法

案例教学法的目的是充分调动学生的知识储备，综合运用多种思维模式思考老师提出来的事件或案例，积极思考并参与讨论。同"情境性教学"一样，这是训练学生的高级思维模式并形成解决复杂问题的能力的一个重要方法。

教师在课程教学的过程中，需要在各个学习阶段设置与之相对应的事件或案例，去激发唤醒机制，激发学习动机、提高注意力，并提供学习方法指导。每个教学案例需要有明确的教学目标，引导学生进行学习迁移、强化学习记忆、完成作业反馈。根据学生学习的不同阶段，教师可以有针对性地实施相应的教学策略，进行精准化的教学设计，把信息加工理论运用到分析学生的学习过程之中。

中国正处于信息化时代快速发展的进程之中，新闻传播学专业人才培养的重点在于培育出未来优秀的信息加工者和信息研究者。案例教学法可以借助人工智能技术安排辅助性学习。人工智能技术的目标是要不断发现和提高计算机贮存、提取、运演和使用信息的方式，它是人类思维过程的模拟，人类思维过程是改进计算机处理数据程序的指南；反过来，计算机处理数据的程序能代替人类一部分程序化的思维方式，信息加工教学模式需要认识到这一客观现实，优化个人的教学模式和教学方法，把现代化最先进的技术手段运用到教学过程之中。

二、人格发展教学模式

人格指的是作为社会人的个体所具有的带有一定倾向性的、本质的、比较稳定的内部倾向性和心理特征，包括个人的认知能力、行为动机、情绪反应、人际关系协调水平、态度和价值观体系、道德信仰系统等六个方面，具有整体性、稳定性、独特性和社会性特征。

一个人的人格状况会表现在知、情、意等心理活动的各个方面,"一般来说,人格是在一定社会历史条件下,通过社会实践活动形成和发展起来的。一个人的人格是他过去的整个生活历程的反映,在某种社会文化环境的影响下,通过不断的社会性内化过程而逐渐形成起来的。"

培养健全的人格是新闻传播专业本科一流课程教学过程需要完成的重要任务之一,新闻与传播学人才处于社会信息交流与转换过程的枢纽位置,对于维护社会的和谐稳定、健康发展而言,至关重要。这样看来,新闻与传播学人才的人格发展水平会对媒介化社会整体品格的发展水平产生直接影响,对于社会心理的塑造和其他人的世界观、价值观、人生观的形成具有重要作用。

人格发展教学模式主要包括:课程思政建设、健全人格精神的塑造和行为的修正三种模式。

(一)课程思政建设

新闻传播学本科一流课程教学的课程思政建设主要指的是:在知识传授、能力训练的过程中,进行正确的世界观、价值观、人生观的培养,形成协同效应,把"立德树人"的目标与课程教学过程结合起来,构建起符合社会发展规律和新闻传播发展规律的职业观和价值观,把知识学习、职业训练和正确价值观的形成协同起来。这种教学模式既服务于高等教育"育人"的本质性要求,又服务于提高我国新闻舆论的传播力、引导力、影响力和公信力的现实需求。

这种教学模式要求授课老师在熟知本专业大学生学习方式和学习规律的基础上,通过情境性教学、案例教学、研讨教学、项目化教学等方式完成。例如,《网络舆情管理》课程上,充分利用多起重大突发公共安全事件中的复杂多变的舆论冲突现象,引导学生参与到网络舆情引导的活动之中,使用项目化教学的方式,对学生进行分组教学,每组学生选择重大突发公共安全事件中的典型案例进行研讨,撰写研究报告,发表在智库内刊上。学生在情境性教学的过程中,将其所学所思内化于心,在知识学习和能力训练的过程中完成主流价值观的培养。这些主流价值观主要包括:爱国主义精神、集体主义情感、民族自尊心、国际合作精神、遵纪守法意识等。课程思政建设可提高学生在认知纷繁复杂事物的过程中把握真相的能力,从而完成德育和智育协同发展的教学目标。

(二)健全人格精神的塑造

人格是个体认知、情感及行为过程中表现出来的一种复杂的心理倾向性,包含着过去的影响和现在的构建,人格的早期发展是后期发展的基础,具有阶段性和再造性特征，后天的教育可以帮助行为主体克服先天性的遗传和早期环境造成的不良影响。20岁左右的大学本科阶段，是人格逐渐成熟并固化下来的重要阶段。在这个阶段，即使不可能全部重塑，至少也可以做到部分重塑。

社会学习理论认为，个体稳定的行为方式是条件反射和心理预期的结果，教育的强化行为是人格塑造的重要条件。教育行为和环境再造是培养健全人格精神塑造的重要条件，在人的成长过程中，大学本科阶段无疑是健全人格成长过程中的关键性节点之一，学校的课程学习在这个阶段能产生重要作用。专业训练、职业化培养和良好的教学环境，这些外部动力可以催化个人内在的主观能动性，形成合力。这种在课程教学活动形成的人格精神，能促进人的潜力发展和整体人格精神的塑造。

很多人在青少年时期，由于网络社交媒体负面因素的影响、不良家庭环境和社会环境的影响，在价值观念形成的关键时期没有得到很好照顾，出现了各种心理问题，产生了诸如懒散、抑郁、焦虑、封闭、脆弱、爱慕虚荣、自制力弱等性格弱点，甚至有暴力倾向、色情倾向。这些因素都会影响学习者学习能力的提高，甚至影响其后来的职业发展和社会生活。为了避免这种不良影响，课程教学过程中需要安排一种旨在培养学生健全人格精神的教学模式。

"个体差异是由人们处理信息方式的差异造成的，对于相同的事件和情境，不同的人会有不同的感受和观点，从而形成不同的概念系统，人格就是由认知的概念系统组成。"荣格认为，"人格包含两个层面：人格的表层指'人格面具'，即角色扮演；人格的深层，即'真实的自我'，意指一个由于某种原因不愿展现的人格成分，如'阴影'。"

老师可以在课程教学环境中设置一些调控系统，抑制其人格中的"阴影"，在学习过程中建构起比较稳固的健康的认知观念系统。角色扮演、情境性仿真、分组教学等都是完成自我认知、实现自我控制的良好方式，可以帮助学生进行恰当的自我评价、自我意识和自我调节，拥有开阔的胸怀、高雅的格局，用欣赏的眼光培养积极乐观的心态和健康和谐的人际关系。在此基础上，培养他们良好的社会适应能力和正确的情绪调控能力，实现内心世界与外部世界的和谐统一。

（三）错误行为的修正

行为修正教学模式是基于行为主义理论的科学原理而形成的一种旨在修正学生错误行为的教学模式。行为主义者认为：行为是学习者对环境刺激所做出的反应，人的行为是通过后天学习得来的，人所在的环境决定着他的行为模式，包括正确行为和错误行为。在学校的教育实践中，教师需要掌握塑造和矫正学生行为的方式方法，为学生创设一种环境，通过强化的方式形成并维护正确的行为，警惕并改正错误行为的发生。

行为修正是一流课程教学过程不可缺少的一个环节，老师需要设置好一套标准体系，建构优秀的"图式"供学生学习模仿，在学习过程中通过不断的"同化"策略，促使他们进行正确的行为训练，然后，通过"顺应"策略使其消除错误行为或病态行为。

这种教学模式主要基于这种理念：学生进入本专业学习之前，有着不同的学习潜能和前期知识储备，他们来自不同家庭和不同文化空间，带有各自生活环境的印痕。进入同一专业学习时，先前环境下形成的不良行为会带到专业学习的过程之中，影响到其健康人格特征和行为习惯的养成。老师在授课过程中，通过有意识地界定不同学生人格结构中的病态行为，设定不同的行为方式帮助其矫正，达到更改、减少或消除错误行为方式的目的，帮助他们按照一流课程的标准要求自己，顺利完成一流课程规定的学习任务，成为一流学生。

在这个过程中，可以使用制度的力量，严格学习过程管理和学业管理，加强学风建设，建立预警机制和多元化的学业考核评价体系，完善学生学习过程监测、评估与反馈机制。让学生学习到优秀的知识、拥有优秀的能力和高尚的道德品质，使他们免于心理疾病、治愈认知偏差、形成健全精神。

三、社会交往与实践教学模式

社会交往教学模式主要基于马克思开创的社会交往理论。这种教学模式认为：学生的社会交往能力培养是他们将来从事专业活动、专业实践，获得社会性发展能力的重要基础。

社会交往是人们在社会生活中运用语言符号系统或非语言符号系统，相互间交流信息、沟通情感的过程。社会交往是个人适应集体、适应社会，克服胆怯心理的重要方式。在当前融合媒介发展的形式下，学生的思维能力、创新能力和社会交往能力培养的重要性凸显了出来。从新闻与传播学人才培养的特征来看，学生社会交往能力与实践能力的培养关系密切，在一流课程的教学模式中，需要在实践教学模式中植入社会交往能力的培养模式。

按照空间场域划分，社会交往与实践教学模式主要有异地教学实践、在地教学实践和校内教学实践三种模式，实践主要内容包括专业能力实践和社会交往能力实践。

（一）异地教学实践模式

异地教学实践的空间范围很大，一般是指离开学生熟悉的地域，到比较陌生的自然环境和社会环境下进行实践，包括国际实践和国内实践、省外实践和省内实践。特点是：挑战性强、文化和风俗习惯的异质性强，专业能力要求高。这种教学模式的主要目的是拓展学生的专业技能、提高学生与陌生人交往的能力。可以充分利用社会资源，拓展课程教学的社会化空间，实施"情境性教学"和项目化教学模式，在完成专业实践教学和提高社会交往能力的基础上，学习异地文化，开阔眼界，增强社会适应性。这种教学模式可以通过校企合作、校地合作、校校合作的方式完成，主要内容包括：联合开发实践课程、开展异地合作项目、行业考察、社会调查、访学、交换生学习、寒暑假实习等。让学生在社会化的大场景下接受锻炼，提高专业水平、增长见识，培养良好的品格和健康的体魄。鼓励学生完成相应的实践作品，把异地教学成果纳入学生成绩考核体系。

（二）在地实践教学模式

在地实践教学模式主要是指安排学生到学校所在地省、市、县区范围内的一种教学实践，实践的主要目的和任务与异地教学实践模式基本相同。其优势在于：成本低、可控性强、连续性强，可以深度介入。其劣势在于：文化和风俗习惯的同质化程度高，挑战性和创新性水平不及异地教学实践模式，学生所获得的知识、能力不及异地教学实践，但是高于校内实践教学。

（三）校内教学实践模式

校内教学实践是一种基础性的实践，在整个课程实践教学体系中处于基础地位，实践的目的是加深学生对理论知识的理解，练习基本的实践技能、培养合作精神。这是推动课堂教学改革、优化课程体系和树立以学生发展为中心的理念的重要组成部分。这是制定一流课程标准模式、优化课程质量标准的重要基础。校内教学实践可以充分利用好智慧教室、实验室、工作室、创新创业实践基地、大学生科技园、众创空间等各类实践平台，积极推广小班化教学、混合式教学、翻转课堂，倡导启发式、探究式、讨论式、参与式教学。这种模式的优势在于：学生的参与度高、基础性强、安全管理和自我管理方便，能激发学生自主学习兴趣，提高学习效率，授课老师可以科学规划教学内容、科学设计教学方法，加强指导性。这种模式也可以通过聘请知名媒体人不定期进校园授课、指导的方式，提高实践教学的针对性、前沿性。

（四）社会交往与实践教学模式的阶梯性特征

社会交往教学模式是信息化社会对新闻与传播学专业人才培养的客观要求，在培养学生专业实践能力的过程中培养学生的社会交往能力，为将来成为一流的新闻传播学专业人才做准备。一般而言，这种课程教学体系具有阶梯性特征：大一时期主要做校园实践，大二阶段主要从事本地区实践，大三、大四阶段主要从事异地教学实践。在这种教学模式的执行过程中，需要做好师生成果的转化工作和评价工作，鼓励师生发表作品、撰写实践报告、召开实践总结会、展示实习成果等。

这种教学模式是深化专业性的创新创业教育改革，是为学生提供面向全体、分类施教、强化实践的教学机会的一项创新性教学模式。它把创新创业教育与专业教育、思政教育结合起来，优化了创新创业课程体系。另外，这种教学模式可以孵化出"互联网+"大赛、各种学科竞赛的优秀成果，在实践层面上推动学科创新。

四、多模态化教学模式

随着信息化时代的到来，云计算技术、人工智能技术、移动互联网技术、数据挖掘技术不断发展，媒体中需要大量的基于数字化技术的优秀作品。在媒介融合趋势不断推进的背景之下，传统媒体内容创作模式正在逐渐被解构和重建的过程之中。新闻与媒体话语修辞的建构形式渐趋多模态化，多模态化产品是信息化社会对多样化媒介内容的客观需要。这种"多模态化"形式在社交媒体中大行其道，影响巨大，"算法"新闻、"模式化"新闻、"机器式"新闻得到广泛应用，大众传播变成了小众传播，个性化、定制化新闻传播内容渐次出现，新闻传播内容的创作从网络化、数字化转向了"智能化"。文字符号、语音符号、视频符号、图像图表符号等各种语言资源获得了极大的组合空间，用来表达不同的叙事和意义，音频、字幕、视觉等多模态信息融合在一起作为表现手段和研究手段，形成倒逼机制，倒逼着新闻传播学专业一流课程教学模式的改革，形成多模态教学模式，准确理解多种符号表达出来的概念意义、人际意义、语篇意义和象征性意义，这需要重构传统的课程教学模式。

（一）多模态化的课程教学体系

多模态化的课程教学体系指的是通过组合符合当前多模态化新闻传播专业实践要求的多学科、跨专业性的课程，组建起的具有明显逻辑性的、组合型的课程教学群。课程群包括专业基础课程、专业核心课程、专业选修课程，有理论课程也有实践课程。目的是培养学生的人工智能技术、移动互联网技术、数据挖掘与使用技术、新闻传播专业知识与技能、审美学知识、文化学知识、社会学技能和多语种语言技能等。在这个体系里，各学科老师精心设计适合这种教学体系的教学大纲、教学计划、教学模式、教学方法、教案体系和学生实践能力培养的各种规划。这种教学体系能够满足课程体系内每门课程授课的需求，既有各自的知识体系，又能为其他课程的教学提供体系性的支持，互相配合，为一流课程教学模式奠定基础，满足当前学生成长、发展的需要。

（二）多模态化教学法

人类拥有复杂的视觉、听觉、触觉、嗅觉和味觉系统，以及建立在这五种系统之上的第六感官系统，第六感官系统联结着人的神经网络，形成了具有个性化色彩的精神知觉系统，敏感地反映着现实世界的各种变化。在课程教学设计中，建立起视觉、听觉、触觉、嗅觉、味觉和精神感觉的课程教学法，形成一个闭环组合，每种感官系统的教学内容既有各自的内容体系，又能互相支援、配合。目的是训练学生充分利用这六种感觉系统生产新闻传播产品的能力，提高他们对涉及这六种感官系统的作品的审美能力。多模态化教学法是组成新闻传播专业一流课程教学的核心要素之一，也是构成本专业学生综合能力的一个重要衡量指标。

（三）多模态化师资流动模式

基于未来一流课程教学目标和教学实践的需求，教学单位的管理模式可以改变当前以学校为单位的管理评价体系，转变为以学科建设和专业发展为核心的管理评价体系。建立起多模态化的师资流动模式，允许优质师资在校际、院际、学校与业界之间自由流动。在充分利用现有一流师资的前提下，培养专业化、职业化、导师化的一流师资队伍，让他们也成为"流动"师资，在合适的学校、院系开设一流课程。在学生的学习方面，改变单一的固定学校的管理模式，采用异地教学、交换生学习、游学等方式，打破校际和院际之间的壁垒，让学生充分流动，根据学生个人发展的需要，可以跨校、跨院系选择适合自己的课程。学习管理上可以采用跨校际、跨院系的导师制，学生选择适合自己的导师，在导师的指导下选择课程、选择学习方式。师生的评价体系也进行相应改革，建立以师生个人为中心的评价体系，为一流学科师资的流动提供制度化支持。

课程是人才培养的核心要素，新闻传播学本科一流课程质量直接决定着这门学科未来人才培养的质量。在中国信息化社会进程加快、人工智能技术日臻成熟、全球化趋势复杂多样的新时代背景之下，未来新闻传播学专业人才质量将决定着中国未来新闻舆论的传播力、引导力、影响力和公信力建设的质量，这不仅是满足时代发展迫切需要的多模态化新闻传播产品的问题，也是涉及中国未来国际话语权竞争的问题。首先，一流课程需要与之匹配的一流师资和一流课程教学模式，重构传统教学模式不仅是"倒逼"教师提高教学质量，建设"金课"、消灭"水课"的重要手段,也是完善以质量为导向、以学生发展为核心的新闻传播学本科教学改革的重要措施。这样才能把高阶性的课程目标落到实处,培养好学生的高级思维模式和解决复杂问题的综合能力,延展课程教学的深度和广度。其次,一流课程教学模式可以把前沿性学术成果和具有时代特色新闻传播理论传授给学生,启发学生思考,引导学生积极参与具有挑战性的社会实践和专业实践,在实践的过程中提高社会交往能力,把课程思政与专业教学结合起来,塑造他们健全的人格,形成正确的价值观念。最后,一流课程教学模式可以突破传统的、习惯性的认知模式,把大数据信息技术与教学深度融合,指导学生进行深度学习,通过情境性教学、案例教学、项目化教学、仿真实验教学、异地教学等多种方式,增加教学的研究性、创新性和综合性的内容,培养学生勇于创新、大胆质疑的精神和能力。总而言之,通过一流课程教学模式的改革,能够让优质师资回归课堂,提升教学能力,创新教学方法,使教学过程变得丰富多彩,形式多样;可以增强学生学习的目的性和创新性,加强对学生课堂内外、线上线下学习的管理与评价,提升课程学习的难度与挑战性,增强研究型、项目式学习内容,鼓励他们积极探究各种专业问题,参加各种竞赛和社会实践,使其忙而有序。

第二节 》》 新闻传播学专业中的课堂游戏式教学改革

游戏教学法一种课堂教学方法的尝试和探索,是课堂教学环节中的一种新形式,为高校教学改革提供一个崭新的空间。本书以传播学的课堂游戏式教学改革为例来分析课堂游戏式教学改革的必要性、应用实例以及需要注意的问题。

一、传播学的学科特色

法国的贝尔纳·米涅教授在谈到他所定义的传播学的框架时说:"要试图了解传播思想的发展,一要追根溯源,二是要跟踪现实发展。"传播学的教材大部分是以讲授美国传统学派理论为主体的,在内容上侧重于传播过程、要素和效果问题;在研究方法侧重于社会学、心理学、统计学的研究方法。传播学课程是新闻传播专业学生的专业必修课和基础课,与学生后续学习的课程密切相关。

美国学者阿瑟·A·伯格教授认为,与大众媒介文本或文化、社会相联系的带有游戏成分的游戏、活动、练习、应用等都可以称为游戏。课堂游戏教学是针对相关理论实施的,可以帮助学生对传播思想起源与发展有深入的理解,"授人以鱼,不如授人以渔",开展课堂游戏教学的目的是要培养和提高学生自我学习、主动获取信息、思考创新、研究问题和解决问题的能力。

二、课堂游戏式教学改革的必要性

高校传播学相关专业的教学中运用比较多的是讲授法、讨论法、互动法、多媒体教学等传统教学法，这些传统教学法仍然以书本为中心或是教师的学科知识为中心，并没有把理论知识融合到实际操作中，学生的理解能力、运用能力各不相同，而这些知识出自同一个主体（书本、教师）不能达到因材施教、因人而异的效果。即使是讨论法、互动法这些被认为较好的教学方法也往往忽视了这一点，他们列出的讨论问题、互动话题仍是教师的主观想法，并不是学生的兴趣、爱好，不能激发学生的学习冲动，即使形式再灵活，从学生的心理角度来讲，也无法刺激学生的学习愿望。

游戏教学法实际上是一种课堂教学方法的创新，是课堂教学环节中的一种新形式。它既有传统的方法和流程，同时又具备了新的特点。强调以学生为主体，强调学生自我学习的一种教学方法，它融游戏于课堂之中，又融知识于游戏之中，让参与者在游戏中，在娱乐中学到知识。当今高校课堂内，在学生多元化背景下，如何组织课堂教学，让学生更好地融入课堂之中是每个高校教师应该思考的问题，游戏教学法无疑是这个方面崭新的尝试和探索，它与传统教学法相辅相成，交相辉映，为高校教学改革提供一个崭新的空间。

对于学生来说，有利于全面激发学生的潜能，课堂游戏过程中，学生通过观察、分析、思维、猜测、想象等，调动学生各方面潜能，锻炼其学习能力、表达能力、逻辑能力、人际能力，等等；通过一系列的游戏、活动、练习、应用，可以将其学到的概念、理论同电影、电视节目、广告，还有其他有关社会、文化的文本相联系，学以致用。对于教师来说，课堂游戏教学需要教师结合学科理论设计科学合理的游戏内容，并对学生进行积极引导，有助于教师突破传统的教学模式，对教学方法进行创新，提高教学技能。

三、课堂游戏式教学改革的应用实例

（一）游戏规则

美国学者阿瑟·A·伯格教授建议一个班在做游戏时应该服从以下规则。

（1）一个班应该分成几个小组，每组3~4个人（3个最理想）。

（2）每个小组有一个学生作记录员。

（3）每个学生都要参与进来，所以记录员不仅要记录还要参与。

（4）每做完一个游戏，都要有全班参与的讨论环节。

在具体的实施过程中，可以根据班级的具体人数进行合理的分组，要注重组员之间的协调，通过协商解决问题，比如哪个答案最能够代表小组的意见；课堂游戏时间不宜超过 1 小时，其中包括小组活动的时间，在最后要有全班参与的讨论环节。这些游戏可以帮助学生学会如何把概念、理论应用到媒介、大众文化分析中，游戏提供的是知识体系中的某些元素。

（二）游戏内容

课堂游戏教学内容分为游戏设计、游戏实施、知识讲解、学生反馈、优化完善游戏。

1. 游戏设计

游戏设计是游戏教学法的关键环节，游戏教学法的成功与否与游戏设计密切相关。研究教学大纲、教学目的、把握本次课程的重点、难点，深入理解知识点的内涵，把握其核心思想，为游戏设计提供条件。其方法是所设计的游戏内容所包含的思想与所讲知识点的内容是一致的，确定参加游戏的人数、形式，设计一个简单的流程图，确定好游戏的时间和控制方法，保障游戏的顺利进行。

2. 游戏实施

游戏实施是游戏教学法的主要环节，是课堂教学组织中的一种新方法。根据游戏设计的流程图和设计思想，在课堂上组织学生进行游戏活动。

3. 知识讲解

游戏做完之后，按照传统教学方法，对知识点逐一讲解，并结合游戏内容对知识要点进行强化和巩固，以达到本节课的教学目标。

4. 学生反馈

师生共同参与，建立良好的反馈体系，课程结束之后，教师通过多种方式收集学生的反馈信息，如课后调查访谈、阶段考试，以及利用 QQ、微信、微博、博客等社交媒体了解学生对游戏式课堂教学的反馈及其对知识点的掌握程度。

5. 优化完善游戏

通过游戏设计、游戏实施、知识讲解、学生反馈等环节，发现游戏的漏洞，及时调整游戏的方式方法，以达到最优效果。

四、课堂游戏式教学改革应遵循的原则

（一）目标性原则

高校课堂游戏过程是一个有序的控制过程，它还有着极强的教学目的性，是直接为一定的教学内容服务的，寓知识于游戏之中，从而熟练地掌握理论，学会运用。因此，游戏可以用于教学的每一个环节，但选择游戏的有利时机是重要

的，并不是所有的教学内容或任务都可以或需要转化为游戏教学，何时选用要根据教学要求、教学内容进行合理安排。也不能一味追求趣味性，而忽视教学任务的完成。

（二）设计合理、生动有趣的原则

既然是游戏，应让学生乐于接受，乐于参与。因此，导语简练生动，交代游戏名称和任务明确，规则简洁概括，易于记忆和遵守。比较复杂的游戏要采取教师讲解示范或学生示范相结合的方式。

五、课堂游戏式教学改革应注意的问题

（一）如何将传播学课程的相关理论设计成课堂游戏？

传播学的一些理论是比较抽象的，比如符号学一章中的能指与所指理论，在课堂游戏的设计过程中，可以选择不同的媒体形态，比如文字、图片、视频对同一内容的阐述，让学生分小组分析其异同；同时也可以让学生运用不同的符号表述同一个事物或者意义。把抽象的理论转变成具体的、可实施的课堂游戏内容是拟解决的关键问题之一。

（二）如何针对不同专业方向、不同年级的学生进行游戏的设计？

高校传播学课程的授课对象是不同专业方向、不同年级的学生，课堂游戏的设计要考虑到不同学生的特点，对于传播学相关专业的高年级的学生可以设置的问题深入一些，而对低年级的学生与非传播学相关专业的学生就要降低难度。

（三）如何把握好课堂游戏的流程？

高校的课堂教学是多元化的，游戏的设计需要有创意，也需要有灵活的规则。根据传播学课程不同章节的不同重点，制定相应的课堂游戏，游戏的时间可长可短，重点是确保每次的主题都能够吸引学生主动参与并激发他们进行思考，真正有所收获。

第三节 》 基于五星教学原理的微课教学设计

微课教学设计是微课开发的核心内容。保证教学设计的科学性和有效性，必须依据现代教学理论。五星教学原理聚焦解决实际问题，教学过程突出激活旧知、示证新知、尝试应用和融会贯通四个环节，能有效提升微课在线教学效率和效果。本书基于五星教学原理，对《网店美工》课程中的"店招设计"进行微课教学设计实践研究，以期为微课教学设计提供参考。

一、五星教学原理

五星教学原理是美国杰出教育家戴维·梅瑞尔（David Merrill）于2002年提出的一种新的教学理论，用以改进在线教学、多媒体教学或E-learning学习中只重视信息呈现、忽略有效教学特征的弊端。五星教学原理的五大核心包括：①聚焦问题；②激活旧知；③示证新知；④尝试应用；⑤融会贯通。浙江大学盛群力教授认为，五星教学原理是以面向完整任务或聚焦解决问题为宗旨，从解决基于问题的不同需求出发，五星教学过程突出了激活旧知、示证新知、尝试应用和融会贯通四个环节，每一个环节有相应的操作步骤，旨在实现有价值、有效果、有效率和有吸引力的优质教学。孙文波认为，五星教学原理的实质就是具体的教学任务应被置于循序渐进的实际问题解决情境中来完成，即先向学习者呈现问题，然后针对各项具体任务展开教学，接着再展示如何将学到的具体知识应用到解决问题或完成整体任务中去，只有达到了这样的要求，才是符合学习者学习过程和心理发展要求的优质高效的教学。

二、基于五星教学原理的微课教学设计

微课教学设计是微课开发的核心内容，是提升微课质量的关键。在全国高校微课教学比赛、全国多媒体课件大赛、全国教育教学信息化大奖赛的评审规则中，教学设计都占较大比值。"店招设计"是《网店美工》微课程模块二——整店设计中的一个重要知识点，教学内容直指实际问题，知识点承前启后，经分析适合尝试应用五星教学原理进行微课教学设计。

（一）思维导图设计

微课教学设计可以理解为一种思维过程，"店招设计"微课教学设计思维导图如图8-1所示。

（二）教学设计

参照全国高校微课教学比赛、全国多媒体课件大赛（微课组）、全国教育教学信息化大奖赛（微课组）的评审规则，设计出"店招设计"微课的教学设计方案。

1. 教学目标

教学目标分为知识、能力和思维三个层面。知识层面主要实现：复习巩固商品图片处理技法；熟悉店招的概念、尺寸、主要元素和用途；掌握店招设计与制作的基本方法；掌握店招设计的技巧；掌握店招链接设置的方法。能力层面实现培养学生能针对特定类目进行淘宝店铺店招设计的能力。思维层面训练学生的创

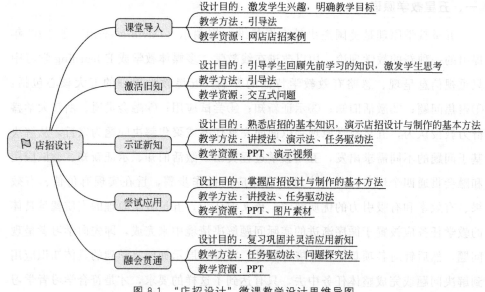

图 8-1 "店招设计"微课教学设计思维导图

意思维。聚焦解决的问题即能针对特定类目进行个性化店招的设计。

2.教学重点和难点

教学重点主要包括:商品图片处理技法的灵活应用、店招的尺寸标准、店招设计与制作的基本方法、店招链接的设置方法。难点在于店招的创意设计。

3.学习者能力分析

选课学生对该课程充满了浓厚的兴趣,在学习本节内容之前,学生已具备较好的商品图片处理技法。本节内容以面向实际问题的应用案例展开,难度适中,在巩固商品图片处理技法的同时,可以进一步培养学生分析问题、解决问题的能力。

4.教学过程设计

(1)课堂导入

微课导入分两个步骤:第一,向学生展示不同类目优秀网店店招案例。第二,向学生展示课堂教学实例——派娇兰旗舰店店招。

(2)激活旧知

在课堂导入的基础上,教师针对课堂教学实例向学生提出 2~3 个问题,以交互式问答形式展开。引导学生回顾先前学习的知识,激发学生思考。

(3)示证新知

教师先直观地向学生介绍店招的概念、尺寸、主要元素和用途,然后演示派娇兰旗舰店店招效果图设计与制作的关键步骤,接着进一步向学生抛出问题——

如何实现店招中文字或图片的链接功能，最后再在 Dreamweaver 中演示设置热点的方法。

（4）尝试应用

教师归纳总结在完成课堂教学实例过程中的注意事项，强调重难点，然后以课堂作业的形式将教学实例布置给学生，让学生在练习过程中一方面复习应用商品图片处理技法，另一方面尝试应用新知，真正在实践中掌握新知。

（5）融会贯通

在学生完成课堂实例的基础上，进一步布置对应的课外作业——自定一个类目进行店铺店招的设计，课外作业较课堂作业难度有所提高，激发学生将新知与实际应用相结合，鼓励学生充分发挥自己的创意。

第九章

课程路径（二）：课程思政视阈中的新闻传播教学改革

课程思政教育工作建设是现阶段高等教育发展过程中十分重要的质量提升工程，要完成"铸魂育人、立德树人"的根本任务，改革和创新高校课程思政教育工作十分迫切和必要。为探索新时代高校课程思政教育工作的创新发展，结合浙江越秀外国语学院网络传播学院的工作实践，本书以马克思主义新闻观教育改革为核心，以大学生媒介素养培养为目标，从课程思政教育内容、教育方式方法和实施形式等方面入手，通过课程思政教育方式创新，以及将课程思政教育与社会实践相结合、与专业技能教育相结合的方式，提升课程思政教育质量。

第一节 >>> 新闻传播学专业课程思政教育的探索与实践

中国特色社会主义建设已进入新时代，用习近平新时代中国特色社会主义思想铸魂育人，贯彻党的教育方针，落实立德树人的根本任务，这不仅是实现中华民族伟大复兴的必然要求，也是高校课程思政教育工作的根本目标。近年来，高校在课程思政教育方面取得了一定的成就，但随着社会经济发展和改革开放的深入，高校在意识形态领域出现了一些新问题、新情况，如部分高校课程思政教育流于形式，个别学生对不正确的思潮缺乏基本的政治鉴别能力，一些学生随意转发网络不实言论等。要完成"铸魂育人、立德树人"的根本任务，改革和创新高校课程思政教育工作十分迫切和必要。本书结合浙江越秀外国语学院网络传播学院的工作实践，探索高校课程思政教育工作的创新发展。

一、新时代高校课程思政教育工作创新发展的必要性

我国高等教育的根本任务是培养具有较高思想觉悟和掌握科学文化知识的社

会主义事业建设者和接班人。随着我国经济发展、国力增强，中国特色社会主义新时代的确立，以大学生为代表的年轻一代的政治思想总体上能同步跟进，但也存在一些问题。要根据中国特色社会主义新时代的要求，针对大学生的新特点和课程思政教育方式方法等，积极探索高校课程思政教育工作的创新发展。

（一）部分大学生在政治思想方面出现"早熟"

互联网等新型传播媒体的快速发展，使得信息的传播越来越快、越来越方便，信息量也越来越庞大，这对大学生扩大交流范围，获取新知识，探索新领域，提高自身学习能力和科技水平，有着很大的帮助。但存在的问题也非常明显：一是信息种类繁多，内容复杂。由于互联网等新型传播媒体本身的传播特点，信息中往往鱼目混珠，真假难辨，对于阅历不深的年轻大学生来说，很有可能被一些虚假信息所误导。二是国外敌对势力亡我之心不死，他们借助新型传播媒体等与我们争夺年轻一代，可以说是不择手段。一方面披着交流、互访、讲座等合法外衣推销资产阶级价值观，另一方面赤裸裸地打着"人权""民主""自由"等旗帜影响年轻一代的人生价值观，企图达到其实现和平演变的目的。当今大学生不仅很容易从多方面获得各种信息、资讯，而且很多是在不自觉状态下或被迫接受的。部分大学生由于缺乏经验、社会阅历浅，价值观念模糊甚至形成错误的价值观，表现为在政治思想上的"早熟"。如极端地以"自我"为中心，为"钱"而奋斗，热爱祖国、献身事业的信念不足。面对复杂的国内外形势，不能敏锐地辨别，甚至做出违反法律法规或道德规范的事情。这种政治思想上"早熟"的新特点，直接影响了大学生的价值观和人生观。

（二）一些高校存在"两个坚持、两个忽视"现象

有些高校在课程思政教育内容方面以经典的马列主义为主，在毛泽东思想、邓小平理论、三个代表、科学发展观和习近平新时代中国特色社会主义思想理论教育方面有些薄弱。毛泽东思想、邓小平理论、三个代表、科学发展观和习近平新时代中国特色社会主义思想是中国共产党几代领导集体将马克思主义基本原理与中国具体实际和时代特征相结合的产物，是马克思主义在中国的创新发展。这些理论特别是习近平新时代中国特色社会主义思想既坚持马克思主义基本原理，又根据中华民族伟大复兴和实现中国梦的要求赋予马克思主义新的内涵，这是高校课程思政教育的重要内容。还有些高校在课程思政教育模式上仍然坚持以传统的课堂教学为主，忽视紧密结合社会实践、联系社会发展。当今时代是经济快速发展、科技日新月异、国内外形势错综复杂的时代，高校的思政教育只有紧密结合时代发展和社会实践，才能培养出思想敏锐、意志坚定的高素质人才。

当前中国特色社会主义进入了新时代，这是我国发展新的历史方位。中国特色社会主义新时代是实现中华民族伟大复兴的关键历史期，需要一批批大学生承担这一光荣使命。然而，现阶段面临的国内外形势和环境发生了变化。一方面，国内加快产业结构调整，提倡绿色发展，科技创新的要求越来越紧迫；另一方面，国际形势复杂，敌对势力企图从政治、经济等方面遏制我国的发展。这对大学生自身的政治素质、专业能力提出了更高的要求，因此大学生必须坚定"四个自信"，热爱国家，献身事业，勇于创新，坚定立场，明辨是非，善于解决前进道路上出现的新问题，练就抵御国内外政治、经济等方面风险的能力。

综上所述，新时代高校课程思政教育工作的创新发展，既有客观的要求，又有现实的必要。高校课程思政教育的任务就是要积极引导学生增强"四个自信"，使他们把满腔热血和爱国情怀融入实现中华民族伟大复兴的事业之中。要提高大学生运用正确的世界观和价值观辨别是非的能力，使他们正确认识国内外发展趋势以及新时代赋予他们的责任和使命，提高在各种复杂环境中明辨是非和把握未来的能力，成为德智体美劳全面发展的社会主义建设者和接班人，达到"铸魂育人、立德树人"的目的。

二、新时代高校课程思政教育工作创新发展措施

要把习近平新时代中国特色社会主义思想作为高校思政教育"铸魂育人、立德树人"的主要内容。习近平新时代中国特色社会主义思想是马克思主义结合中国实际，在中国发展的最新成果，也是中国特色社会主义理论体系的重要组成部分，是实现中华民族伟大复兴的行动指南。在现有基础上，高校要发挥各自的特色和优势，挖掘所在地域的优势资源，采取多种方式积极探索新时代中国特色社会主义条件下思政理论课实践教学模式，在实践教学形式多样化、提升思政理论课的吸引力和感染力等方面积极探索。

（一）创新课程思政教育方式

在传统有效的思政教育基础上，利用新媒体平台推动思政教育线上线下有机融合，提升思政教育的吸引力、感染力，将思政教育融入学生的生活实际中，使思政教育的内容和手段"活"起来。

（1）充分利用各种网络、视频、APP等新媒体平台，丰富思政教育形式，提高思政教育实效。一是开发各种题材的思政教育微课程，把思政教育相关课程搬到网络上，通过网络、微课实现优秀思政教育资源共享，打造思政教育的智慧课堂。二是针对各种复杂的社会思潮、课程思政教育中的热点问题，通过网络、视频、APP平台等引导大学生进行深入探讨、学习和交流，提高大学生的政治

敏锐性，使思政教育接地气、聚人气，成为大学生喜爱的课程。

（2）加强大学生心理疏导，使他们保持健康的心理状态。完善心理辅导制度，加强心理疏导，使大学生拥有健康的人格和高尚的思想品德，促进大学生形成健康的心理品质，显得十分必要，也是高校课程思政教育的重要组成部分。有条件的高校可以设立专门的机构或与有关单位合作，结合本校专业设置、学生思想和心理状况、区域社会环境、毕业生就业状况等具体情况，为大学生提供心理疏导，缓解心理压力，树立健康的心态。近年来，浙江越秀外国语学院根据本校的具体情况设立了心理健康咨询服务机构，为学生提供涉及社会交际、情绪把控、恋爱情感、学习适应、就业发展等方面的心理健康服务咨询，在大学生心理健康咨询方面进行了有益的探索，得到了学生的广泛认可。

（二）课程思政教育与社会实践相结合

高校课程思政教育要做到个性化和多元化相结合、课堂教学和社会实践相结合，让学生通过参与和互动等形式，在实践中感知和理解社会，提高对党和国家的认同感和责任感，使整个社会都成为高校大学生的课程思政大课堂。近年来，浙江越秀外国语学院网络传播学院坚持将社会实践列为课程思政教育的重要内容，将"卓越互联网人才培养计划"作为课程思政教育和社会实践相结合的主要形式之一，引导大学生结合专业，深入企业参加社会实践。提出了基于校企协同理论的递进式人才培养模式，即"3.5+0.5"培养方式：学生在校3.5年，以学校学习为主、企业实践为辅，主要完成专业基础课程学习；在企业半年，以企业实践为主、学校学习为辅，重点结合网络传播专业技术开展社会实践。这种全方位、浸入式的实践模式，使学生获得互联网企业全流程工程实习和社会实践，能够让学生提前感受将来所从事职业的情境，了解互联网产业对我国经济发展的重要性，从事本专业相关工作所应承担的社会责任。通过实践环节，不断培养和提升学生的人文社会科学素养，使他们具有强烈的社会责任感，能懂法守法，主动履行社会责任，激发对互联网行业的认同感和责任感。

（三）课程思政教育与专业教育相结合

结合专业特点，关注学生个体的思想实际，将课程思政教育与通识课程、专业课程教学相结合，将课程思政教育融入学生的日常教育活动。发挥专业课堂的主渠道作用，将人才培养标准和知识能力培养目标融入具体的课程教学环节，实现专业课程教学的技能培养与课程思政教育的综合素养培养相结合。在这两者的融合过程中，课程思政教育实施的基本依托和必要基础就是课程资源开发。新闻传播学专业教育融合课程思政教育元素进行课程建设可从以下"三个融于"入手。

1. 课程思政教育融于专业课堂教学

除了对相关知识要点和基本理论进行透彻讲解和分析外,还应加强学生对专业的认知度,增强学生对所从事行业的自豪感、民族荣誉感等思政教育,培养学生的社会主义核心价值观。如可以将新闻传播学科和互联网行业诸多可歌可泣的人、事和重要发展阶段的业绩,以及"一带一路"倡议对互联网行业提出的新要求和我国互联网强国发展战略等内容融入专业课堂教学。

2. 课程思政教育融于线上教学

依托三个国家精品课程平台(国家精品在线开放课程、国家精品资源共享课、国家精品课)和浙江越秀外国语学院在线精品课程建设,充分利用"互联网+"技术及新媒体课程形式和手段,将思政教育融于线上教学。一是创新课程体系,制定新标准,改变传统课堂的单向教学模式,实现智慧教学,实现网络资源与课堂教学的融合,培养学生的自主学习能力;二是创新教育载体,将课程思政教育融入新闻传播教学体系,培养学生的责任意识、家国情怀;三是通过线上对行业中典型案例的剖析及讨论,培养学生在设计过程中精益求精、独具匠心的工匠精神,树立正确的行业发展观。

3. 课程思政教育融于教师团队建设

教师是教学活动的主体,是具体的实施者。专业教师是否具有相关的人文情怀,其道德修养和能力素养以及对课程思政的认知直接影响课程思政建设。专业教师要加强对课程思政的关注和理解,要将价值引导贯穿于教育全过程,将专业技术内容与课程思政内容、德育元素无缝对接,帮助学生树立正确的行业发展观,科学规划职业生涯。教师要积极参加课程思政建设方面的讲座和培训,提升自身政治素养,为在专业教学过程中融入思政元素进行知识储备。

"铸魂育人、立德树人"是高校思政教育的主要内容和根本任务,不断探索和改革思政教育,从教学内容、方式方法和实现形式等方面大力提高思政教育效果,才能达到提高大学生的政治素质、完成新时代赋予高校思政教育工作的新使命、新任务。

第二节 思政理论课改革视阈下马克思主义新闻观教育的着力点

推进马克思主义新闻观教育改革关系到培养什么样的新闻传播工作者、如何培养新闻传播工作者以及为谁培养新闻传播工作者等根本性问题,这些问题中包含着思想政治理论内容,也需要思想政治理论教育的介入。马克思主义新闻观课程是高校新闻传播专业思想政治理论课的重要组成部分,其建设既要注重专业教育规律,也要尊重思想政治理论教育规律。习近平总书记在学校思想政治理论课教师座谈会上的讲话围绕确定培养目标、教师发展、内容建设、支持保障等方面提出了富有建设性的论断,为推进新时代高校马克思主义新闻观教育提供了方向指引与思想武器。

一、大力挖掘马克思主义新闻观的思想政治理论资源

马克思主义新闻观是新闻传播专业核心课程中思想政治理论教育资源最集中的一门课程。马克思主义新闻观是社会主义新闻事业的指导思想,它是新闻工作者讲政治的理论指南。马克思主义新闻观既要讲清楚马克思主义视阈中的新闻传播规律,又要树立社会主义新闻传播工作的党性原则与职业责任。我们要大力挖掘马克思主义新闻观课程中的思想政治理论资源,它主要包含三个方面的内容。

1.马克思主义理论的世界观与方法论对新闻工作的指导意义

马克思主义的辩证唯物观与唯物史观是马克思主义制定新闻政策、分析新闻事件等实践的科学依据。例如,马克思恩格斯的世界交往观不仅仅对当前开展对外传播具有指导意义,而且他们的世界交往观也是历史公正正义意识与科学预见能力的基础。美国南北战争期间,国际舆论普遍认为南方最终会取得战争胜利,但是马克思给《纽约每日论坛报》撰文并指出,美国北方的工商业代表先进生产力的方向,因此南方暂时取得的军事胜利无法扭转历史的进步方向。最终,美国内战以北方胜利验证了马克思判断的准确性。从马克思的论证来看,他绝非押宝式的投机,而是在科学世界观与方法论指导下的科学判断,这是今天新闻舆论工作发挥导向作用时最应该具备的能力。

2.马克思主义理论的根本目标对新闻舆论工作的价值指引

马克思主义是关于整个人类解放的科学理论,它的根本目标是实现人的解放和自由全面发展。马克思主义新闻观揭示了新闻自由的阶级实质,从而揭示了人的精神解放的实现路径。马克思主义新闻观是新闻舆论工作的灵魂,它从价值观层面指引着新闻舆论工作者的新闻实践。习近平在担任浙江省委书记期间曾就新闻宣传问题指出:"新闻宣传一旦出了问题,舆论工具一旦不掌握在真正的马克思主义者手中,不按照党和人民的意志、利益进行舆论导向,就会带来严重的危害和巨大的损失。"任何脱离现实物质利益的"新闻自由"都是虚伪的,马克思主义理论的科学性和价值性是统一的,它启示社会主义新闻工作者只有准确把握媒体的意识形态属性,坚持党的领导、从人民的根本利益出发开展舆论引导工

作,才能真正从精神层面解放人民群众,实现人民群众的精神自由。

3.马克思主义新闻思想与实践经验对当代新闻工作的启示意义

现实的科学社会主义运动表明,马克思主义新闻观是马克思主义理论的一个重要而独特的领域。由于新闻舆论工作在革命中是凝聚力量、鼓舞士气的法宝,在建设与改革过程中是治国理政、定国安邦的大事,马克思主义经典作家、党和国家领导人高度重视新闻传播事业,并在这个过程中积累了扎实的理论和丰富的经验。例如,马克思把是否坚持报道事实作为区分好报刊与坏报刊的标准,列宁强调"我们的力量在于说真话",陆定一指出"新闻工作搞来搞去还是个真实问题",习近平强调"真实性是新闻的生命"。无产阶级新闻事业正是在现实的发展中形成了追求新闻真实的优良传统。

"新闻学作为一门科学,与政治的关系很密切。"这不是说新闻可以等同于政治,而是明确新闻学作为与政治密切相关的学科,它既有自身的规律性,也要讲政治性。马克思主义新闻观课程作为新闻传播学专业的核心课程,它要立足于新闻的规律性,同时它也是具有极强政治性的课程,它要明确新闻工作党性与人民性的统一,坚定社会主义新闻事业的政治方向,培养为社会主义服务、为人民服务的新闻传播人才。

二、全面提升马克思主义新闻观教师的政治理论水平

当前,马克思主义新闻观教育的培养目标是推进新时代新闻传播人才队伍建设。教师是培养人才的人才,从这个意义上来说,教师队伍建设是提升人才培养能力的关键。习近平总书记指出:"办好思想政治理论课关键在教师,关键在发挥教师的积极性、主动性、创造性。"《关于提高高校新闻传播人才培养能力实施卓越新闻传播人才教育培养计划2.0的意见》提出:"推动教师以言传身教带动学生树立正确新闻观,为新时代新闻传播人才打牢思想基础。"当前,马克思主义在新闻传播学的课堂、教材和论坛上存在被边缘化、空泛化、标签化的现象,教师自身建设不足是其重要因素之一。习近平总书记在学校思想政治理论课教师座谈会上对思想政治理论课教师提出了"政治要强、情怀要深、思维要新、视野要广、自律要严、人格要正"的基本要求。教师在马克思主义新闻观教学中,除了要向学生传授专业知识,还要从价值观高度明确社会主义新闻工作者的使命与职责。

教师要坚定自身的信仰,在课堂上的理论教学中结合案例教学,坚持"政治家办报"的方针,培养学生善于从政治的角度看问题,辨清西方新闻观中的大是

大非，面对社会现实问题善于激浊扬清，成为坚定地宣传党的理论和路线方针政策的新闻工作者。教师要深刻理解中国的历史传统、文化积淀、基本国情，在课堂上融入爱国主义教育，坚持以人民为中心的工作导向，培养学生的家国情怀，在实际的新闻工作中的能力结合社会实际开展舆论监督与舆论引导，善于从正面宣传坚定人民群众对社会进步的信心。

教师要熟悉掌握辩证唯物主义和历史唯物主义，让学生在"知行合一"中掌握马克思主义新闻观的真谛。教师不仅要立足新闻理论教学，还要贯穿新闻实务教学，让学生以马克思主义新闻观为指导完成新闻作品，通过评价作品、修改作品，引导学生理解政治理想与人民立场在新闻作品中的支撑力量。教师在教学中要坚持"不忘本来、吸收外来、面向未来"，努力拓宽自身的历史视野与国际视野，培养学生顺应媒体融合的趋势，掌握先进的媒体技术，传播好中华优秀传统文化、革命文化与社会主义先进文化，提升展现"四个大国形象""讲好中国故事"的对外传播能力。

教师在传播能力与传播知识的关系上相一致，新闻传播专业教师本身熟知新闻传播规律，更要在知识传播与思想传播的各个环节注意"言行一致"，避免在课堂上遵守政治纪律，在课堂下主张所谓"政治立场中立"的自由言论，任何所谓"学术自由""生活不拘"等理由都不是传播错误言论的借口。教师要有高尚的人格，不断提升自身的业务能力感染学生，新闻传播专业教师比其他专业教师更要懂得课堂上与课堂下的人际传播与行为传播同样发挥着重要的人格修饰作用，因此更应该加强人格修养的提升，发挥好榜样的力量与作用。

教师的自信自立是思政理论课改革的主体因素。在马克思主义新闻观课堂上，教师积极发挥主体性，一要尊重新闻媒介的双重属性，并且媒介的意识形态属性是该课程教学的重点和难点。二要充分考虑新闻传播专业的偏应用、重实践的特点，将思想政治理论融汇到新闻传播实务中，让党的理论、政策与主张触及灵魂、落实到行动、转化为现实。三要尊重结合学生的所思与所需，重视师生互动关系，融合理论教育与情感教育，提高课堂教学效果。

三、讲好马克思主义新闻观中的思政理论内容来落实立德树人的根本任务

根据笔者在马克思主义新闻观教育教学中针对学生开展的调查，以及其他教师教学反馈来看，部分学生对高校马克思主义新闻观确实存在不理解的障碍或畏难抵触的心理。教师在教学手段上进行改革创新，一方面要通过彻底的理论来说服青少年学生，另一方面要在彻底的理论基础上增强亲和力来吸引学生的目光、

提高针对性来走进学生的内心，才能实现其立德树人的目标。

习近平总书记在学校思想政治理论课教师座谈会上对思想政治理论课的改革创新提出了政治性和学理性、价值性和知识性、建设性和批判性、理论性和实践性、统一性和多样性、主导性和主体性、灌输性和启发性、显性教育和隐性教育相统一的要求，这对于新时代马克思主义新闻观课程建设同样具有重要的启示作用。

（1）要加强哲学社会科学研究，以透彻的学理分析来说服学生，以"政治"的科学性与新闻学的科学性相统一，让学生深刻领会马克思主义新闻观的内涵。

以"正面宣传为主"为例，教师在课堂上要讲清楚这一方针在中国的发展源流，还要讲清楚以正面宣传为主，不等于新闻报道过程中只做正面报道、不做负面报道，而是正面或负面的报道都要以人民为中心，做好"议程设置"与"舆论导向"。明确马克思主义新闻观课程不仅是新闻传播学的专业课程，也是关于社会主义新闻价值观教育的课程，它要帮助学生深刻理解社会主义新闻工作的价值取向与新闻科学性的统一关系。以新闻权利为例，西方新闻界无法解释非民主选举产生的、资本化的媒介集团雇佣的记者何以具备监督权的合法性。马克思主义新闻观理直气壮地明确，社会主义是党领导人民当家作主的制度，因此新闻工作者的权利来自党的领导，服务人民，并且要为党和人民负责。

（2）要帮助学生正确理解西方新闻传播理论的先导性与马克思主义新闻观的主导性关系。

由于历史原因，西方新闻传播学理论凭借起步较早、经验丰富的优势，在中国的课堂教学中占据了较大的比重，当前我们要加强从学科层面建构中国特色的马克思主义新闻学，增强学生识别和批评错误思潮和错误观念的能力，实事求是地评价和借鉴西方新闻学的研究成果。要将马克思主义新闻观的科学理论与新闻传播专业的教学实践相结合，让学生在新闻的采写编评等实习环节中理解新闻传播工作的意识形态性及其极端重要性。例如，教师除了在理论上讲授新闻事业既有事业属性，又有产业属性这一原理，还要在新闻实践操作中让学生深刻体会新闻的事业属性与产业属性相互依存、相互制约关系，牢固树立将眼前的经济效益与深远的社会效益统一起来的基本观念。要为马克思主义新闻观课程明确统一的教学目标、课程设置、教材使用、教学管理等标准，同时也要结合现实教学中环境与学生的特殊性，实施因地制宜与因材施教。目前，高校马克思主义新闻观的统一标准还在紧张实施中，如2019年3月在中宣部、教育部指导下出版的《马克思主义新闻观十二讲》初步为全国马克思主义新闻观课程教学提供了示范性教材。与此同时，中国人民大学和重庆大学等高校结合学科专长与专业特色，修订人才培养方案，探索可视化教学方法改革等，形成了各具特色的课程模式。

（3）要发挥好新闻传播专业教师的业务专长，在马克思主义新闻观的课堂上将政治理论教育与政治传播过程统一起来，契合青少年学生的受众心理特点，结合好网络和数字技术，运用好年轻的平台、语态与话题，激发学生的学习热情与兴趣，全面提升课堂教学效果。要在马克思主义新闻观教学方法的运用上不回避传统的灌输法，同时注重启发性教育，引导学生在问题意识中思考答案、动手参与，在不断启发中让学生水到渠成得出结论。例如，教师在课堂上讲授西方新闻自由观时，不必先入为主地展开理论评价，可以引导学生搜集和梳理西方主流媒体对重大新闻事件的报道进展状况，甄别其中是否存在逻辑矛盾或有悖事实的内容，让学生在相关的结论归纳中分享心得体会。要明确马克思主义新闻观课程本身既包含明确的政治指导理论，又在新闻业务操作中隐性地包含政治素养与媒介素养。教师在课堂教学中要从理论的内涵和外延层面讲清楚马克思主义新闻观的立场、观点与方法，讲明白马克思主义新闻观与马克思主义基本原理之间的关系，讲透彻马克思主义新闻观与中国特色社会主义建设的关联，同时要充分挖掘课程中蕴含的思想政治教育资源，清晰展现马克思主义新闻观是如何贯穿于社会主义新闻工作的全过程。

四、始终坚持马克思主义新闻观在新时代高等新闻传播教育中的统领地位

习近平总书记在哲学社会科学工作座谈会上的讲话中提出要坚持马克思主义在我国哲学社会科学领域的指导地位，要加快完善包括新闻学在内的、对哲学社会科学具有支撑作用的学科。建设好马克思主义新闻观课程就是要让马克思主义理论在广大新闻学子的心中生根开花，在社会主义新闻教育事业发展中"坚持马克思主义指导地位，贯彻新时代中国特色社会主义思想"，打牢马克思主义新闻学建设的坚实基础。党的十八大以来，教育部、中共中央宣传部在2013年和2018年联合颁布了《关于加强高校新闻传播院系师资队伍建设实施卓越新闻传播人才教育培养计划的意见》和《关于提高高校新闻传播人才培养能力实施卓越新闻传播人才教育培养计划2.0的意见》。这两个文件都将马克思主义新闻观教育与课程建设放在首要位置，尤其是《培养计划2.0的意见》提出了"建设一批马克思主义新闻观教育的国家级一流精品课程"的要求。这就要求我们在新时代高等新闻传播专业建设过程中要始终坚持马克思主义新闻观教育及其相关课程的统领地位。

1. 马克思主义新闻观是建设好我国新闻传播专业"课程思政"的基础

"课程思政"改革的实施,有助于改善高校思想政治理论教育的"孤岛"现象,避免思想教育与专业教育的"两张皮"困境。诸如马克思主义新闻观、马克思主义文论等都是目前高校将思想教育与专业教育紧密结合协调发展的典型课程。但是从全方位育人的角度来讲,这是远远不够的。"课程思政"改革的目标是实现360°德育覆盖专业知识传授过程。在新闻传播专业中,除了马克思主义新闻观课程外,其他新闻传播专业课都富含思想政治理论资源,这是开展"课程思政"改革的前提基础。这意味着,新闻传播专业"课程思政"改革的推进都要围绕马克思主义新闻观教育开展。除了要"普遍开设新闻伦理、新闻职业精神、职业道德等专门课程"之外,我们要在基础理论、专业技能、媒介技术等所有课程中,深度挖掘思想政治元素,引导新闻传播专业学生要将媒介知识、方法、技术等的学习目标与为人民服务、为社会主义服务的立场统一起来。

2. 党高度重视中国特色社会主义高等新闻传播教育建设,马克思主义新闻观教学改革离不开党的领导

党从全局出发强调以马克思主义新闻观教育为引领,推进社会主义新闻传播教育。高校党委积极落实卓越新闻传播人才教育培养计划,学校领导带头走进课堂将马克思主义新闻观课程作为新闻传播学院思政理论课的"第一课"。高校新闻学院通过实施互聘交流,把新闻业界的编辑和记者请进课堂,让学生与新闻第一线专家面对面开展实践交流,拓展马克思主义新闻观"第二课堂",高校教师走进广播电视等媒体单位,接触重大实际问题研究,为马克思主义新闻观课堂积累丰富的教学素材。办好马克思主义新闻观课程,就是服务好中国特色的社会主义新闻传播教育,党中央和地方党委、教育部与地方教育主管部门搭建起从中央到省市的三级实施体系,从制定整体发展规划到完善配套保障机制,再到过程管理的监督检查,全方位、全过程地确保高校新闻专业教书育人体系建设,推进中国特色社会主义高等新闻传播教育的改革创新。

3. 马克思主义新闻观教育要根植于中国大地、自觉融入坚持和发展中国特色社会主义事业的奋斗之中

高校马克思主义新闻观课程要旗帜鲜明地展现马克思主义在新闻工作中的指导地位与指导意义,理直气壮地向学生传授好中国特色马克思主义新闻学发展新观点、新论断与新实践。马克思主义新闻观教育的"底气"源于它的"接地气",它是"扎根中国大地办教育"并且"同生产劳动和社会实践相结合"。实践是检验理论科学性与真理性的唯一标准,马克思主义新闻观是马克思主义理论与具体

的新闻实践相结合的产物，它同时在经济社会的发展中，自觉地融入社会生活并指导社会实践。马克思主义新闻观教育扎根中国现实，顺应新形势、发现新问题、指导新实践，培养满足新时代中国特色社会主义事业建设需要的新闻传播工作者，包括发挥党和人民"喉舌"功能的新闻舆论工作者，满足人民美好生活需求的广播电视工作者，保障信息安全与文化安全的网信工作者，实现宣传效果最大化和最优化的融媒体工作者，增强对外话语权的国际传播工作者等。总之，全方面育人的马克思主义新闻观统领社会主义新闻传播专业教育，旨在培养全方位做好意识形态工作的新闻传播人才。

第三节　高校马克思主义新闻观教育中的若干问题

党的十八大以来，习近平总书记关于意识形态和新闻工作的系列重要讲话中，明确加强马克思主义新闻观是新闻工作的灵魂。马克思主义新闻观教育是中国特色社会主义新闻传播事业发展的精神动力与智力支持。目前，我国的马克思主义新闻观教育已经初步建成一个层次合理、结构完整的教学体系，其主要包含学校教育与社会教育两个部分。在具体的学校教学实践过程，新的问题层出不穷。例如如何加强新媒体环境下的新闻党性教育，如何培育适应新型主流媒体建设的合格新闻传播人才。诸如此类的教学问题，需要深入教育理念层面，启发新的思考、获得新的思路。

一、高校马克思主义新闻观教育应兼顾"两个维度"

习近平总书记在哲学社会科学工作座谈会上的讲话中指出"坚持以马克思主义为指导，是当代中国哲学社会科学区别于其他哲学社会科学的根本标志，必须旗帜鲜明加以坚持"。马克思主义新闻观是当代中国特色新闻传播学的根本标志。"对待马克思主义，不能采取教条主义的态度，也不能采取实用主义的态度。"在这一理论指导下，马克思主义新闻观具有两个维度：一个是马克思主义经典作家们关于新闻传播问题的实践和著述，另一个是运用马克思主义基本原理分析新闻传播问题而产生的新思想、新观点和新论断。这"两个维度"并不是笔者刻意制造出来的概念，而是在具体实践中发现的教学现象，并在回应这一现象的过程中顺势概括出来的概念。

马克思主义经典作家因为革命、建设和发展的实践需要，或者有从事新闻传播工作的经历，或者有关于新闻传播事业的深入思考，这些都是马克思主义新闻观的重要来源。但是，马克思主义新闻观远不止这些直接关涉新闻传播的材料，它不仅要回顾马克思主义经典作家们关于新闻传播的言论和实践,同时也要深刻领会其立场、方法和观点。这就构成了"两个维度"的问题。

案例教学是新闻传播教学改革的关键点,部分老师对于如何在马克思主义新闻观教学中贯彻案例教学深感心有余而力不足。传统的马克思主义新闻观教学偏重于思想史的成分,对于思想史的当代关照,要么找不到结合点,要么捏不准关联度。

上述教学实践中遇见的新问题反映出,当前我们应努力兼顾好马克思主义新闻观教育的"两个维度"。同时,马克思主义新闻观教育的推进迫切需要一些在马克思主义新闻观教育和研究方面具有优势的高校通过组织专家和教师合作编写"辅助教材",重视"两个维度"的平衡建设。

二、高校马克思主义新闻观教育应注重"统领"地位建设

《关于加强高校新闻传播院系师资队伍建设实施卓越新闻传播人才教育培养计划的意见》为当前高校马克思主义新闻观教育明确了发展方向,它明确提出培养具有全媒体业务技能的应用型、复合型新闻传播人才的教育要求,并强调了以马克思主义新闻观统领高等新闻传播教育。问题也随之而来:马克思主义新闻观是否实现了在高等新闻传播教育中的"统领"地位,以及如何实现"统领"地位?

据笔者调查,除了知名的传统新闻传播学院,大部分兴办新闻学院不久的高校仅仅只能做到开设了以马克思主义新闻观为内容的相关课程(群),甚至在部分知名的新闻传播学院也只能暂时涉及新闻传播学本科阶段的马克思主义观教学,还无法贯彻到硕士生和博士生的培养目标中去。此外,部分高校在马克思主义新闻观学术讲座的开设、教学案例库的建设等方面同样没有给予充分重视,从而制约了整个马克思主义新闻观教育教学体系的建设。

当前高校马克思主义新闻观教育不仅要完成"从无到有、已有更优"的新建任务,同时还要完成"统领"地位的建设任务。

首先,需要教育建设者们高屋建瓴、高瞻远瞩进行全面规划,从师资队伍建设到教学团队的建设,从课程改革到教学体系的建设,从教育改革到教育体系的完成,逐步、稳健地实现马克思主义新闻观教育的可持续推进。习近平总书记明确,新闻舆论引导的各个方面与环节都要坚持导向。因此,马克思主义新闻观教育的统领地位就包括对新媒体、娱乐新闻、广告宣传等领域的全覆盖,把导向坚持问题渗透到新闻传播教育的各门专业课程中。

其次，马克思主义新闻观不仅要涉及新闻传播实践人才的培养，还包括马克思主义新闻观教师人才队伍的培养。教师们一旦正确理解了马克思主义新闻观的理论地位，就能推进其教育教学改革，赋予其应有的教育地位。"课堂有纪律"不是回避政治，而是学会政治。习近平在宁德工作时期就辨明，新闻不等于政治，但是新闻要讲政治。社会主义新闻事业的使命就是以政治方向的正确，引领经济社会发展与深化改革战略中的道路正确。马克思主义新闻观在新闻工作中的"灵魂"地位，也明确了其在高等新闻传播教育的"统领"地位。

新闻传播学专业教师较之于马克思主义理论专业教师，更加能够胜任马克思主义新闻观的教学。新闻传播学的专业教师有义务、更有责任去主动学习相关的马克思主义基础理论，深刻领会马克思主义新闻观的科学性，树立理论自信和理论自觉，帮助新闻传播人才树立理论自信，以理论自觉推进实践自觉，推进社会主义新闻传播事业的健康发展。

最后，马克思主义新闻观教育既要融入新闻理论和新闻史等基础理论课程中，还要泅渗于采写编评等传统新闻业务课程中，同时还要渗透到互联网与新媒体相关的实践课程中。马克思主义新闻观教育的"统领"地位在于它的生命力，如果马克思主义新闻观能够继续在新闻基础理论的发展中、在采写编评的新闻业务中、在传统媒体时代向新媒体时代的转变中、在传统媒体和新兴媒体的融合中发挥实践指导和价值引领等功能，必然能毫无争议地稳居新闻教育的统领地位。

三、高校马克思主义新闻教育应强化本土化建设、确立价值导向

马克思主义新闻观是西方新闻理论"本土化"的理论武器。习近平总书记明确，社会主义宣传工作要善于利用好世界上出现的新事物新情况、新思想新观点新知识，借鉴好人类文明创造的有益成果。西方"引进来"的不仅是兼容并蓄的过程，更是打造融通中外的新概念、新范畴、新表述的方式。

当前大部分高校新闻传播学院都有开设《西方新闻理论》或《西方新闻事业》等课程，这些课程专注于对西方资产阶级新闻传播理论或事业的介绍，但是疏于对这些理论展开深度评析。长此以往，容易导致新闻传播学科领域的"西强我弱"的现象产生。

时间上，欧美国家新闻事业发展在先，高校在新闻教育方面推广欧美经验有助于推进中国新闻事业加速发展。新闻事业作为上层建筑，具有普遍性和特殊性，其产生和发展的特殊历史背景对现实发展的影响不容忽视。西方资产阶级新

闻自由和专业主义体现了人类社会的现代权利观，体现了人类反对封建特权、实现思想解放的诉求。同时，它在自我的发展过程中不断调适新闻理想与资本主义社会现实之间的矛盾，逐渐生发出专业主义的职业理念。但是，马克思主义新闻观需要新闻传播工作理解西方资产阶级新闻理论和事业所主张的新闻自由和专业主义仅仅只能完成部分的、片面的，而非总体的、全面的精神解放。社会主义新闻自由将进一步探索精神交往领域，找到实现精神解放的根本方法和路径。

"坚持以马克思主义为指导，核心要解决好为什么人的问题。"这是马克思主义新闻观的价值导向。马克思主义是关于人类实现彻底解放的科学理论，其科学性体现在人类的解放不是理想，而是现实运动。所谓现实运动，就是解放的彻底实践不能离开现实的历史环境和发展现状。这就意味着，马克思主义及其新闻观的普遍真理必须与各国的具体实践相结合才能实现具体的解放，这一过程也是科学理论"本土化"的过程。

"本土化"的中国特色社会主义新闻传播学，必然是坚守马克思主义新闻观为指导的新闻传播学，以马克思主义的新闻理想革新西方资产阶级新闻理想，以马克思主义的立场、观点和方法指导中国新闻实践。现实中，有学生在具体社会实践中，或者言必称西方新闻自由之"正宗"，对中国特色社会主义新闻自由毫不知情，或者以西方新闻规则作为"标尺"衡量中国新闻发展之"得失"，缺乏自主判断能力，等等。类似的现象迫使我们需要改变现有的话语格局，而这种改变的呼声从未间断过。近年来，以童兵、郑保卫、尹韵公等为代表的学者致力于中国特色社会主义新闻学的创设，他们都将马克思主义新闻观视为本土新闻学创立和发展的基石。

高校的马克思主义新闻观教育是新闻传播学本土化发展进程中至关重要的一环。马克思主义新闻观教育不仅限于传授青年学生马克思主义新闻思想史，还限于教授马克思主义经典作家们想过什么、做过什么，更重要的是帮助学生在思想的战场上深刻理解理论的先导性，建立起问题意识、责任意识、大局意识，以及发现问题、分析问题、解决问题的能力。

习近平总书记提出党的新闻舆论工作的职责和使命，明确了中国特色社会主义新闻传播教育的价值取向。高校的马克思主义新闻观教育不仅要让学生明确新闻实践追求新闻自由、坚守社会责任，而且要让学生理解新闻自由的尺度与社会责任的内涵是因具体的社会制度而被具体化的。笔者认为，我们有必要进一步明确新闻传播学的价值目标来指引学生确立学习的方向。

东西方的新闻价值观和责任观是存在差别的，这种差别会影响对新闻客观等一系列新闻基础问题的价值判断。这个问题触及了新闻价值观的确立问题，这是当代马克思主义新闻观教育过程必须及时回应的问题。马克思主义新闻观坚持人从事新闻传播的根本目的是实现人的头脑解放即精神解放，它为人的全面解放与自由发展提供精神动力和智力支持。这种"精神解放"的实现依靠的是信息空间命运共同体的构建。

习近平总书记关注新型主流媒体与现代传播体系的建设，实现讲好中国故事、传播好中国声音。马克思主义新闻观明确，社会主义新闻工作所追求的精神解放就是实现新闻内容的生产反映人民的伟大实践，展现人民的精神风貌，为实现人民幸福的中国梦凝聚力量。中国梦的实现也需要国际传播领域中的助力与支持，通过参与和重构全球舆论秩序，为经济解放和政治解放提供良好的国际舆论环境。

"如何使马克思主义新闻观教育更好地入脑入心，这需要多方面的改进。"这是时代赋予当前高等新闻传播教育的问题。教师处在教育过程的核心地位，教师提高马克思主义新闻观的理论素养是实现教学改革的关键，同时结合马克思主义新闻观同自己的新闻教育专长，在教育实践和业务实践中真会、真用，才能有效推进马克思主义新闻观的"统领"地位和"灵魂"作用。

高等新闻传播教育的课堂不能回避马克思主义新闻观同西方资产阶级新闻观的关系问题。如何回答好这个问题，需要坚持以马克思主义指导中国特色新闻传播学的建设，坚持马克思主义新闻观在高校教育体系中的核心地位。马克思主义新闻观教育需要明确，东西方资产阶级新闻观的差异集中表现为新闻价值观的差异，人民立场的实践路径和精神解放的内涵层次是马克思主义关于新闻自由实现的科学回应。

第四节 》》 新时代马克思主义新闻观教育应重视的三个关系

马克思主义新闻观教育是培养社会主义新闻传播人才，提高新闻传播队伍素质的重要举措，它最初在新闻界展开与实施。进入21世纪以后，我国新闻传播专业高等教育进入快速发展期，马克思主义新闻观教育的需求日益迫切，实力雄厚的新闻院系相继建设相关课程与教学体系，新建的新闻院系也在跟进中不断探索。习近平总书记在2016年2月19日党的新闻舆论工作座谈会上的讲话中明确要求加强马克思主义新闻观教育，建设好社会主义新闻传播人才队伍。高等新闻传播专业教育是马克思主义新闻观素养培养的基础，在具体的教育教学实践中，需要重视马克思主义新闻观与马克思主义理论、与新闻传播实务以及与中国特色社会主义文化建设三大关系。

一、讲清楚马克思主义新闻观与马克思主义理论的关系

在日常的马克思主义新闻观教育中，大部分学生对于马克思主义新闻观的认知十分模糊。有学者组织课题组以西部四所高校新闻专业学生为对象开展抽样调查发现，57%的调查对象不认同马克思主义新闻观是对人类新闻传播事业的继承与创新，67%的调查对象认为马克思主义新闻观与自己未来发展联系不大。大部分学生之所以会有这样的模糊认识，最根本的原因在于学生并不清楚马克思主义理论与马克思主义新闻观之间的关系，从而不理解马克思主义新闻观在具体新闻传播实践中发挥的积极作用。

马克思认为，使用工具产生的需要是人类的第一历史活动。提升学生对新闻传播专业的兴趣，就是要让学生在新闻传播工具的使用中发挥新闻传播的功能。实用性是当前大部分学生接受教育的起点，但是缺乏理论指导、实践检验的实用性就会落入实用主义的窠臼。

从学科的角度来看，马克思主义新闻观既是新闻传播学的重要组成部分，又是马克思主义理论的重要组成部分。在新闻传播学中，马克思主义新闻观既是新闻思想和新闻理论的重要流派，又是社会主义新闻传播活动的指导思想。在马克思主义理论中，马克思主义新闻观是马克思主义经典作家和马克思主义政党领导人对新闻传播及其政策的论述，因而成为马克思主义理论的重要内容之一。

马克思主义新闻观教育首先要明确马克思主义基本原理贯穿于马克思主义新闻观，其表现形式并不是单一的，而是包含两个方面：一方面是马克思主义经典作家和政党领导人从马克思主义理论视角出发分析新闻传播问题，另一方面是他们对新闻和媒介本身的物质分析。前一个方面的理论发展比较广泛，党关于新闻传播对社会进步的促进、党性和人民性相统一等论断，都是从马克思主义理论视角阐发新闻传播实践与人类解放的关系。现代西方马克思主义的诸多流派大多注重从马克思主义文化理论和政治经济学理论发展传播学的批判理论，这对中国特色马克思主义新闻观的当代发展具有一定的理论借鉴意义。后一方面即用马克思主义对新闻和媒介本身展开物质分析，则在其理论发展方面相对薄弱一些。马克思、恩格斯提供了相关的分析典范，他们对新闻变动属性的论述是基于辩证唯物主义的思考，他们对于电报的分析是基于历史唯物主义的考察。

作者认为，当前高校马克思主义新闻观教育可以从三个方面入手，讲清楚马

克思主义新闻观与马克思主义理论的关系。

（一）高校马克思主义新闻观教育要将马克思主义理论的指导性与新闻舆论工作的使命相互统一起来

用马克思主义指导和思考社会主义新闻舆论工作，这是马克思主义新闻观形成、发展与成熟的过程。马克思主义是关于整个人类解放的科学理论，它的科学性表现为它对时代的指导性。新闻传播工作者要成为合格的"时代风云的记录者"，就"要立足时代特点，推进马克思主义时代化，更好运用马克思主义观察时代、解读时代、引领时代"。人类历史发展已经进入了追求人的自我解放的时代，时代发展的必然趋势是人的全面自由发展。新闻舆论是事关社会主义治国理政、定国安邦的大事。马克思主义新闻观教育要培养学生理解新闻舆论工作的党性和人民性的统一性。这种统一性体现在社会主义治国理政、定国安邦的根本目的是要实现广大人民群众的根本利益，这是社会主义制度与资本主义制度的本质区别。坚持新闻舆论工作的党性，就是坚持社会主义国家治理的领导力量，坚持新闻舆论工作的人民性，就是坚持社会主义国家治理的目标利益。

（二）高校马克思主义新闻观教育要注重培养学生正确评判西方新闻思潮的能力

人类的新闻活动和传播活动在中西方都具有悠久历史，但是新闻学和传播学作为学科却是起源于西方。西方的理论与经验传入中国，为中国推进新闻传播业的快速发展提供了重要参考。但是在具体的教学实践中，学生言必称西方新闻传播理论，并将其视为分析新闻传播问题的主要法宝，对西方新闻思潮缺乏必要的反思和批判。今天我们已经不难发现，西方新闻理论中很多经典表述与西方具体的新闻实践存在着巨大差距，例如西方新闻自由理论在今天美国行政权日益扩大的趋势面前越来越站不住脚。如果我们能够让学生从马克思主义的国家理论和新闻理论来分析西方的新闻自由问题，就能够更加自觉和自信地理解上述趋势。萨特说马克思主义"是不可超越的，因为产生它的情势还没有被超越"。因此，马克思主义新闻观仍然是分析当前人类新闻活动的科学理论。

（三）高校马克思主义新闻观教育要拓展马克思主义新闻观的现实解释力

重视马克思主义新闻观与马克思主义理论的关系，不仅仅是建议新闻传播专业的学生要将马克思主义读物作为必读书籍，更为重要的是教师要在课堂上帮助学生学会如何将马克思主义理论与马克思主义新闻观紧密联系起来。如果我们的新闻观教育帮助学生活学活用，就会让学生对马克思主义的理论魅力和马克思主义新闻观的现实穿透力产生怀疑。马克思主义是与时俱进的理论体系，它强调立场、观点和方法的内在统一。马克思主义经典作家和政党领导人在分析传统媒介时使用的方法论，西方马克思主义思想家在分析新媒体时所呈现的新视野，都是我们当前在课堂上拓展学生思考新问题和新现象的重要教学资源。网络与新媒体时代，我们要培养学生善于利用马克思主义的理论武器对云技术、大数据等新兴媒介技术进行理论思考，为我们当代人自觉地运用好和发展好新媒体技术提供精神动力，为我们丰富和发展互联网时代的马克思主义新闻观提供理论支撑。

二、协调好马克思主义新闻观与新闻传播实务的联系

一项由浙江大学开展的深度访谈显示，新闻传播实践经验丰富的教师主张马克思主义新闻观其实已经内化在自己的知识体系之中，不需要刻意强调。如部分教师所认为的那样，马克思主义新闻观可以融汇在新闻传播理论以及采写编评等实务课程中，没有必要单独开设一门《马克思主义新闻观》的课程。实际上，马克思主义新闻观是理论性和实践性都非常强的课程，它完全有独立开设的必要性和现实性。可以从两个方面来看待这个问题。

一方面，就课程教学的需要来讲，马克思主义新闻观需要发挥新闻传播理论与实践的桥梁功能。虽然马克思主义新闻观是新闻思想和新闻理论的重要流派，但是高校的马克思主义新闻观教育不能将其仅仅局限在理论教学的范围内。从课程体系来看，《新闻学概论》和《中外新闻思想史》是新闻传播类专业的核心课程，它们在具体教学中都是与《马克思主义新闻观》具有较强的关联性的理论性课程。《马克思主义新闻观》课程要讲清楚马克思主义新闻观对社会主义新闻理论的指导意义，讲清楚马克思主义新闻观在外国新闻史中的地位，提高学生正确借鉴和评价中西方新闻思想和思潮的能力。然而，这些相关的教学内容通过单一的理论教学很难达到理想的效果，并需要通过学生将马克思主义新闻观"内化于心、外化于行"才能实现效果，即帮助学生在新闻传播活动中运用好、实践好、表达好马克思主义新闻观。

另一方面，就学科教育的需要来讲，马克思主义新闻观不仅是一门独立课程，而且是在新闻传播学教学体系中发挥统领地位的指导性思想。教育部和中宣部在 2013 年开始实施的《高校卓越新闻传播人才教育培养计划》中明确马克思主义新闻观教育在高等新闻传播教育中的统领地位，这也就意味着马克思主义新闻观不仅仅是一门独立的课程，还要贯穿在整个新闻传播类的教学体系中。新闻传播实务课程和实践课程是教学体系中重要的一环，教师有必要在这些课程中将马克思主义新闻观的实践形态转化为课堂教学内容，促进马克思主义新闻观入耳、入脑、入心。所以，马克思主义新闻观要通过开设一门独立的课程帮助学生

学习这一完整的理论体系,与此同时,马克思主义新闻观还要在整个新闻传播课程体系中不断得到认知上的深化和实践上的强化。

作者认为,当前高校马克思主义新闻观教育可以从三个方面提高学生的认知,协调好马克思主义新闻观与新闻传播实务的联系。

(一)培养学生正确认识马克思主义新闻作品和马克思主义新闻观之间的关系

马克思主义新闻作品主要包括两个方面:一是马克思主义经典作家如马克思、恩格斯、列宁和毛泽东等撰写或编辑的新闻作品。二是由广大新闻工作者撰写或编辑、符合马克思主义新闻观的新闻作品。后者是高校新闻作品赏析课堂上的主要内容。通过作品赏析,我们着力培养学生学会如何在新闻作品中践行马克思主义新闻观。前者则是当前高校马克思主义教育中普遍比较忽视的一项内容。马克思主义经典作家一般都从事过新闻传播实务,不但有丰富的新闻传播实践经验,而且也留存下一批经典的新闻作品。例如,培养学生对马克思、恩格斯新闻笔法特点的赏析能力。马克思、恩格斯的作品由于时代局限和今天经典的新闻体例有何区别、又有何借鉴与启示意义,他们在新闻述评中是如何正确使用辩证唯物主义和历史唯物主义分析事实、展现真实、运用话语、引导舆论。这些鲜活的实践案例,是马克思主义新闻观教育不可多得的宝贵材料。

(二)培养学生正确认识新闻传播实务与当代中国特色社会主义新闻传播事业的关系

新闻传播实务既要讲求专业规范,遵循新闻传播规律,同时新闻传播实务也要坚守特定的价值规范,遵循社会发展规律。媒介融合的发展环境下,新闻传播工作的理念、内容、体裁、形式、方法和手段等得到全面创新,但是技术层面的媒介能力提升面临着价值层面的利益挑战问题。中国特色社会主义新闻传播事业强调社会效益放在首位,并不是不要经济效益。马克思主义新闻观强调,新闻是特殊商品,它在产品属性之外还具有意识形态属性。学生应该理解新闻传播实务坚持专业性,这种专业性实现了新闻传播有效果、求真实,同时新闻传播实务坚守价值性,这种价值性体现了新闻传播讲求谁的利益的效果和真实。西方新闻传播专业无视人民性,它的专业性因为利益的狭隘性而被阉割,它的价值性因为专业的形式化而遭受扭曲。与之相反,社会主义新闻传播事业坚持人民性,从而实现了专业性和价值性的一致。

(三)培养学生深刻体会社会主义新闻传播实践对于当代中国特色社会主义发展的推进作用

马克思主义新闻观重视新闻传播实践。马克思恩格斯的精神交往理论集中体现了他们对信息交往活动的科学分析,他们的精神生产理论反映了他们对信息生产的密切关注。他们对信息交往和信息生产的理论关注都是基于科学社会主义的视角,分析世界交往时代信息联通对社会进步与人类解放的现实意义。列宁领导的无产阶级政党和中国共产党在社会主义革命和建设中,深刻地理解到"笔杆子"的重要历史作用。人民群众是历史的创造者,而人民群众对于事实的掌握程度决定着历史发展前进性和曲折性的统一程度。社会主义新闻传播工作就是一项坚持党的领导、坚持以人民群众利益的根本、为人民群众掌握事实的崇高事业,新闻传播工作越是坚持党性和人民性的统一,越是能够推进当代中国特色社会主义的发展进程。

三、强化马克思主义新闻观教育与中国特色社会主义文化建设的关联

中国特色的社会主义文化建设以马克思主义的文化观、文艺观、新闻观、价值观以及道德观等为指导思想。站在社会主义文化建设角度看,马克思主义新闻观与文化观、文艺观以及价值观等相互协同,共同推进社会主义文化事业的繁荣发展。因此,我们要防止片面地、孤立地看待马克思主义新闻观教育,应从宏观和系统的层面丰富和发展马克思主义新闻观教育体系建设。

一方面,从社会主义文化建设的高度强化高校马克思主义新闻观教育,有助于更加系统地构建马克思主义新闻观教育体系。我国"马克思主义新闻观教育"这一概念的提出及运用与 20 世纪 80 年代中后期政治环境密切相关,其目的就是要强化新闻工作者的政治意识。此后,我国马克思主义新闻观教育的推进与实施始终服务于中国特色社会主义建设,从文化领域为其营造良好的思想舆论环境。新闻传播在"大传播"的意义上,还包括广播、电视、电影和互联网等媒介发展。马克思主义新闻观不但只是关于狭义上的"新闻"的观点,而且它在更加广泛的意义上包括传播、文化等信息交往问题。马克思主义新闻观的对象必然会拓展到信息内容生产、价值建构、舆论导向、文化产业建设、文化软实力等方面,与之相适应,马克思主义新闻观教育体系建构就应该在社会主义文化建设的高度与新闻职业道德教育、新闻专业教育、核心价值观教育等关联起来,更加全面而深入地发挥马克思主义新闻观的意识形态功能。

另一方面,重视马克思主义新闻观教育在社会主义文化建设中的功能,有助于中国特色社会主义文化事业的深化发展。"新闻观是新闻舆论工作的灵魂。"新闻舆论工作是社会主义意识形态工作的重要内容之一,也是社会主义文化建设的重要组成部分。马克思主义新闻观教育的主要目标就是要引导和培养广大新闻传

播工作者,把坚持正确的政治方向放在第一位,正确认识党领导媒体与媒体工作以人民为中心从来都是有机统一的。社会主义的新闻自由从来不是无政府主义的自由,更不是脱离现实、无关文化的自由。列宁在革命时期迫于形势的需要强化媒介的政治功能,在社会主义建设时期,他开始从文化领导权的角度重视媒介对文化建设的重要意义。中国共产党在社会主义建设和改革中不断探索媒介与文化发展的关系,既有经验教训、也有理论成果。党的马克思主义新闻观教育要发挥好"定盘星"的功能,对内传播好党的政策主张,提高人民群众对中国传统文化与社会主义文化的认同,对外传播好中国的大国形象,提高国际友人对中国价值观和文化的认可。

笔者认为,当前从三个方面着力强化马克思主义新闻观教育与中国特色社会主义文化建设的相互促进与共同发展。

(一)培养学生从意识形态工作的高度理解马克思主义新闻观的重要意义

高校的马克思主义新闻教育要让学生准确地回答这样一个问题:社会主义新闻工作为什么需要马克思主义新闻观的指导?马克思主义新闻观强调,新闻不是政治,但是新闻也不可能无关政治。新闻舆论处于在意识形态领域的前沿。意识形态是在其与经济社会发展相适应的基础上,将全社会的意志和力量凝聚起来的广泛社会共识。社会意识如果缺乏有效整合,就无法促进物质和制度的建设。马克思主义新闻观教育把团结稳定、凝心聚力作为党的新闻舆论工作的重点。社会主义深化改革的进程中,思想观念和利益格局等方面都发生了深刻变革,我们必须深刻认识上层建筑对经济基础的反作用,就要重视包括新闻工作在内的意识形态工作,在做好新闻报道的同时做好舆论引导,在满足群众知情权的同时引导群众的理性认识能力,推进群众监督权和参与权的落实,即是新闻舆论工作对于意识形态工作的重要意义。

(二)培养学生树立正确的社会主义新闻价值观

马克思主义新闻观教育不仅仅是教授学生掌握马克思主义关于新闻传播的看法,学会用马克思主义的立场、观点和方法分析新闻和媒介问题,其最根本的是要掌握社会主义新闻价值观,为新闻工作确立相应的价值规范和价值目标。新闻对人这一主体的有用性,构成了新闻价值,而对于新闻价值的看法,构成了新闻价值观。马克思主义新闻观对于新闻有用性的看法,即是社会主义的新闻价值观。新闻价值观一定要符合主流价值观和社会主义核心价值观,这是新闻工作的根本指导思想。马克思主义的性质和社会主义的本质规定了马克思主义新闻观中的新闻价值观,这种新闻价值观把党的领导和人民群众的利益看成是新闻有用性的尺度。正面信息如何报道、负面新闻如何引导，都是关于新闻价值观的问题。新闻虽然具有客观性，但并不是纯粹中立的。新闻的倾向性就好比"半杯水"，这是一个事实，但是"只有半杯水"和"还有半杯水"的叙述却代表了悲观与乐观两种立场表达。因此，社会主义新闻价值观是新闻工作者在新闻倾向性问题上的信念和立场，这是马克思主义新闻观教育的深层次内容。

（三）培养学生从提高国家文化软实力的角度理解社会主义新闻传播工作的责任与使命

当代中国特色社会主义在参与全球化发展的过程，需要外部世界对中国发展道路和中国价值观的广泛认可和理性认识，消除噪声、分歧与误解，加深中国与世界各国的合作程度，提升中国参与全球治理的能力。马克思主义新闻观教育要从马克思恩格斯的世界交往观念入手，培养学生深入理解媒介工具在国家发展和全球化发展中的重要作用，正确理解媒介工具与生产工具之间的辩证关系，深刻理解媒介工具在生产力和生产关系中的功能地位。马克思主义新闻观要从国家文化软实力层面，深刻揭示作为硬实力的物质生产力，与作为软实力的国际传播能力之间的辩证关系，从而在理论上科学说明社会主义新闻传播工作的责任与使命。

总之，高校是马克思主义新闻观教育的重要阵地，在具体的教学教育实践中，有必要从宏观的角度推进马克思主义新闻观教育体系建设，落实学生对马克思主义新闻观真学、真懂、真会，培养出"党的政策主张的传播者、时代风云的记录者、社会进步的推动者、公平正义的守望者"。

参考文献

[1] 王立人，顾建民，等.国际视野中的本科应用型人才培养［M］.杭州：浙江大学出版社，2008.

[2] 孔繁敏等.建设应用型大学之路［M］.北京：北京大学出版社，2006.

[3] 高林.应用性本科教育导论［M］.北京：科学出版社，2007.

[4] 葛红儒.Drupal实战［M］.北京：机械工业出版社，2013.

[5] 刘玉静，高艳.合作学习教学策略［M］.北京：北京师范大学出版社，2011.

[6] 武书连.挑大学 选专业：2014高考志愿填报指南（独立学院版）［M］.北京：中国统计出版社，2014.

[7] ［德］H.哈肯.协同学 引论［M］.北京：原子能出版社，1984.

[8] 石伟平.比较职业技术教育［M］.上海：华东师范大学出版社，2001.

[9] 赵振宇.新闻评论通论［M］.北京：清华大学出版社，2014.

[10] 时蓉华.社会心理学词典［M］.成都：四川人民出版社，1988.

[11] ［美］阿瑟·A.伯格.写给传媒、传播、文化研究专业学生的课堂游戏［M］.秦洁译，北京：清华大学出版社，2011.

[12] 习近平.干在实处，走在前列——推进浙江新发展的思考与实践［M］.北京：中共中央党校出版社，2006.

[13] 习近平.摆脱贫困［M］.福州：福建人民出版社，2014.

[14] 徐耀魁.西方资产阶级新闻理论评析［M］.北京：新华出版社，1998.

[15] ［法］萨特.萨特文集 辩证理性批判 上下［M］.林骧华等译，合肥：安徽文艺出版社，1998.

[16] 中共中央文献研究室.习近平关于社会主义文化建设论述摘编［M］.北京：中央文献出版社，2015.

[17] ［美］霍华德·莱茵戈德.网络素养—数字公民、集体智慧和联网的力量［M］.北京：电子工业出版社，2013.

[18] 钱国英，王刚，徐立清.本科应用型人才的特点及其培养体系的构建［M］.中国大学教学，2005，（9）：54-56.

[19] 余建斌."能力本位"理论对大学生素质教育的启示［J］.内江科技，2010，31（10）：73，80.

[20] 刘庆振.媒介融合新业态：智能媒体时代的媒介产业重构［J］.编辑之友，2017，2：70-75.

[21] 许志强.智能媒体创新发展模式研究［J］.中国出版，2016，12：17-21.

[22] 段鹏.智能媒体语境下的未来影像：概念、现状与前景［J］.现代传播：中国传媒大学学报，2018，10：1-6.

[23] 廖祥忠.未来传媒：我们的思考与教育的责任［J］.现代传播：中国传媒大学学报，2019，3：1-7.

[24] 仲心.智媒化对我国高校新媒体人才培养的启示——以英国路透社"数字养成"计划为

例 [J]. 数码设计，2017，2：121-124.

[25] 李觅. 智能媒体视域下新闻传播教育的困境与应对 [J]. 中国传媒科技，2018，3：82-83.

[26] 徐来，黄煜. "新闻是什么"——人工智能时代的新闻模式演变与新闻学教育之思 [J]. 全球传媒学刊，2017，4：25-39.

[27] 王兰兰. 应用型本科院校 CBE 人才培养控制体系的构建 [J]. 文教资料，2006，14：55-56.

[28] 张永平. 试论转型时期教育中的能力本位思想——马克思主义教育哲学的重要特征之一 [J]. 武汉大学学报（哲学社会科学版），1998，2：3-5.

[29] 胡翼青. 抛却旧框架，拥抱新世界 [J]. 现代视听，2020，2：1.

[30] 彭兰. 智媒化：未来媒体浪潮——新媒体发展趋势报告（2016） [J]. 国际新闻界，2016，11：6-24.

[31] 余克光. 关于目前国内高校新闻传播人才培养问题的再讨论——对"卓越新闻传播人才教育培养计划"的解读与分析 [J]. 新闻大学，2015，5：126-130.

[32] 黄瑚. 媒介融合趋势下复合型新闻传播人才的培养 [J]. 国际新闻界，2014，4：144-149.

[33] 胡德才. 媒介融合时代新闻传播人才培养的理念与路径 [J]. 新闻大学，2015，5：119-125.

[34] 蔡雯，翁之颢. 融合转型的传媒业需要什么样的新闻传播人才？——对近年传媒业人才需求状况的观察与分析 [J]. 新闻记者，2016，12：13-18.

[35] 余红，李婷. 我国网络与新媒体人才需求调研与专业培养 [J]. 现代传播：中国传媒大学学报，2014，2：134-138.

[36] 黄瑚. 新媒体时代专家型新闻人才的认知与实践 [J]. 新闻大学，2016，6：135-139.

[37] 谭天，刘方远. 探析新媒体专业人才的培养 [J]. 新闻与写作，2013，10：28-31.

[38] 臧海群. 韩国的大众传播与社会发展 [J]. 新闻与传播研究，2001，1：51-61.

[39] 朱春楠. 韩国高校创业教育动因及特色分析 [J]. 外国教育研究，2012，8：23-29.

[40] 朴钟鹤. 韩国高校创业教育发展与创新——以五所"创业研究生院"为例 [J]. 比较教育研究，2013，5：63-67.

[41] [韩] 元佑铉. 重塑韩国新闻与大众传播教育 [J]. 国际新闻界，2005，6：29.

[42] 郑美玉，李运庆. 韩国大学毕业生的就业问题及对策研究 [J]. 江苏高教，2006，3：97-100.

[43] 叶成林，徐福荫，许骏. 移动学习研究综述 [J]. 电化教育研究，2004，3：12-19.

[44] 德斯蒙德·基更. 移动学习：下一代的学习——在亚洲开放大学协会第18届年会上的主题报告 [J]. 开放教育研究，2004，6：22-27.

[45] 周海棋. M-learning 研究综述 [J]. 中国教育技术装备，2005，8：14-17.

[46] 桂清扬. 欧洲 M-Learning 行动计划——戴斯孟德·基根博士新著解读之二 [J]. 中国远程教育（综合版），2003，6：73-75.

[47] 杨新宇，刘力勇. 关于 B/S 架构的深入探析 [J]. 科技信息（学术版），2007，1：

171-172.

[48] 高文兵.试论以人为本的教育价值观［J］.中国德育，2007，12：89.

[49] 董玉琦，包正委，刘向永，等.CTCL：教育技术学研究的新范式（2）——从"媒体应用"、"课程整合"到"学习技术"［J］.远程教育杂志，2013，2：3-12.

[50] 陈海挺.移动通信技术在教育教学中的应用研究［J］.硅谷，2012，16：76-77.

[51] 刘江朝，邹培忠，鲁小猛.基于 Drupal 开发的视频教学网［J］.电子技术与软件工程，2016，6：19.

[52] 江波，覃燕梅.基于微信的移动图书馆 APP 服务系统设计与实现［J］.现代情报，2013，33（6）：41-44.

[53] 袁琦.基于微博的虚拟教学社区构建研究——以导游专业为例［J］.山东省农业管理干部学院学报，2012，2：178-179.

[54] 郭淑娟.论社会性媒体的概念及发展中面临的问题［J］.新闻界，2011，3：40-41，44.

[55] 宋红岩.网络社群生成与群体性媒介素养教育［J］.中国广播电视学刊，2011（04）.

[56] 温嘉荣，朱耀明，许丽玲，杨荣宗.由科技接受理论看网络学习社群创新扩散因素［J］.科技进步与对策，2009，7：50-53.

[57] 姜金明.让做评论像读新闻一样兴味盎然——对"新闻评论"教学适应新课改的思考［J］.湖北师范学院学报，2012，32（3）：121-123.

[58] 于新华，曹卫平，高喜，姜彦南.非智力因素对学习的作用及培养方法［J］.大众科技，2010，9：142-143.

[59] 齐亚宁.论微博在新闻教学实践中的应用［J］.新闻研究导刊，2014，9：149-150.

[60] 管军军，杨国浩，王金水，贾峰.高素质应用型人才校外实践基地建设模式现状分析［J］.中国电力教育，2013，8：110-111.

[61] 张佳.探析大学生社会实践基地建设的长效机制［J］.教育与职业，2013，11：157-158.

[62] 钱立生，汪建飞.大学生校外实践教育基地建设浅议——基于产教融合视角［J］.安徽科技学院学报，2015，29（4）：89-92.

[63] 成协设.国家大学生校外实践教育基地建设：问题与对策［J］.中国大学教学，2015，3：74-77.

[64] 张伟，刘宝存.在地国际化：中国高等教育发展的新走向［J］.大学教育科学，2017，3（3）：10-17.

[65] 丁笑炯.本土国际化：国外院校培养国际化人才的新理念［J］.世界教育信息，2008，9：67-69.

[66] 吴信训.世界新闻传播教育百年流变［J］.新闻与传播研究，2009，6：26-37.

[67] 胡海青.产学合作培养人才政策与实践的国际经验与启示［J］.职教论坛，2014，16：65.

[68] 索丰.韩国大学产学合作研究［J］.外国教育研究，2012，8：15-22.

[69] 陈劲，张学文.日本型产学官合作创新研究——历史、模式、战略与制度的多元化视角［J］.科学学研究，2008，26（4）：880-886，795.

[70] 夏建国，杨若凡，李晓军.新建本科院校产学合作的实践探索［J］.高等工程教育研究，

2012，5：108-113.

[71] 李薪茹，茹宁.多学科视域下我国职业教育与产业协同发展研究综述［J］.高等职业教育探索，2019，1：4-10.

[72] 王晓麟.产教融合和校企合作背景下高职院校图书馆服务转型［J］.图书情报工作，2014，10：128-133.

[73] 田联刚.汇聚推进民族技艺产教融合的正能量［J］.黑龙江民族丛刊，2014，1：17-19.

[74] 王建良，叶圣燕.创新产教融合模式促进区域教育协调发展［J］.中国职业技术教育，2013，28：95-96.

[75] 方忠平.案例教学法在新闻学教学中的运用［J］.青年与社会中外教育研究，2008，12：32-33.

[76] 宋万林.理论教学实践化创新研究［J］.青年记者，2015，30：104-105.

[77] 马晓静.论新媒体时代下对大学生媒体素养的培养［J］.今传媒（学术版），2016，3：14-15.

[78] 高晓虹，赵希婧.新时期新闻传播教育的理念与方法创新——以中国传媒大学新闻传播教育为例［J］.新闻与写作，2016，1：25-27.

[79] 田智辉，梁丽君，赵璠.社会化媒体环境下的传媒教育［J］.现代传播：中国传媒大学学报，2015，12：133-139.

[80] 莫言.国外演讲与名牌内裤［J］.杂文选刊：上半月，2015，11：18-19.

[81] 李凌凌，郭晨.后喻文化：信息时代的文化反哺［J］.新闻爱好者，2016，1：37-41.

[82] 张蕾.提升教学效果之探索：让学生"动"起来［J］.金色年华（下），2013，8：31.

[83] 陈长松，周洴.论新闻教育中批判性思维的重要性及养成［J］.新闻窗，2015，5：57-59.

[84] 张晋升.今天如何培养出新闻实践需要的人才——融合转型中未来的新闻传播教育［J］.中国记者，2016，1：84-86.

[85] 王志敏，姚争.改革实践性教学培训创新传媒人才［J］.现代传播，2006，3：124-125.

[86] 戴姝英.广播电视新闻专业学生实践能力的系统性培养［J］.吉林省教育学院学报：学科版，2011，27（8）：89-91.

[87] 肖沛雄.赋予传播学教材新时代内涵［J］.当代传播，2006，2：76-79.

[88] 夏征.让游戏走进大学课堂［J］.科技信息，2006，11：42-43.

[89] 刘小晶，张剑平，杜卫锋.基于五星教学原理的微课教学设计研究［J］.现代远程教育研究，2015，1：82-89，97.

[90] 魏戈.五星教学四十年——追求效率、效果与魅力之路［J］.开放教育研究，2012，18（6）：61-69.

[91] 董小玉，秦红雨.全球传播背景下"马克思主义新闻观"课程改革的思考［J］.新闻大学，2012，3：122-125，99.

[92] 李良荣，张华.从"小新闻"走向"大传播"：新闻传播学学科建设和科研的新取向［J］.现代传播：中国传媒大学学报，2013，8：34-38.

[93] 郭小良.高校新闻专业学生马克思主义新闻观教育现状调查［J］.新闻知识，2016，4：

62-65.

[94] 韩蕾，王军伟.浙江省高校马克思主义新闻观教育现状调查——基于教育传播者角度[J].传媒评论，2016，8：41-44.

[95] 郑保卫，叶俊.马克思主义新闻观教育的形成、推进及意义[J].中国大学教学，2016，12：15-18.

[96] 郭戈.新闻价值与新闻价值观[J].中国广播电视学刊，2017，1：116-117.

[97] 罗小东，郭芳.新疆大学生媒介素养现状调查[J].青年记者，2015，24：75-76.

[98] 张宸.抛弃什么保留什么获取什么——华盛顿邮报执行主编马丁·巴龙关于之美转型的思路[J].新闻与写作，2015，7：35-38.

[99] 刘鑫，白蓉.浅谈经典在人文教育中的重要性[J].科教导刊，2011，11：14-15.

[100] Emanuel Soare. Perspectives on Designing the Competence Based Curriculum [J]. Procedia Social and Behavioral Sciences，2015，180：972-977.

[101] Mansoor Niaz. Marcia C. Linn and Bat-shave nylon：Science learning and instruction：taking advantage of technology to promote knowledge integration [J]. Science & Education，2013，8：2035-2039.

[102] Heidi Schweizer，Ben Kossow. WebQuest：tools for differentiation [J]. Gifted child today，2007，30（1）：29.

[103] Bernie Dodge. Five rules for writing a great WebQuest [J]. International society for technology in education，2001，28（8）：6-9，58.

[104] ［韩］金允美.中韩高等新闻教育的比较研究[D].武汉：华中科技大学，2013.

[105] 鲁璐.基于APPCAN的税务移动办公系统的设计与实现[D].西安：西安电子科技大学，2013.

[106] 邵甫华.江西高职院校产教融合的困境及对策研究[D].南昌：南昌大学，2015.